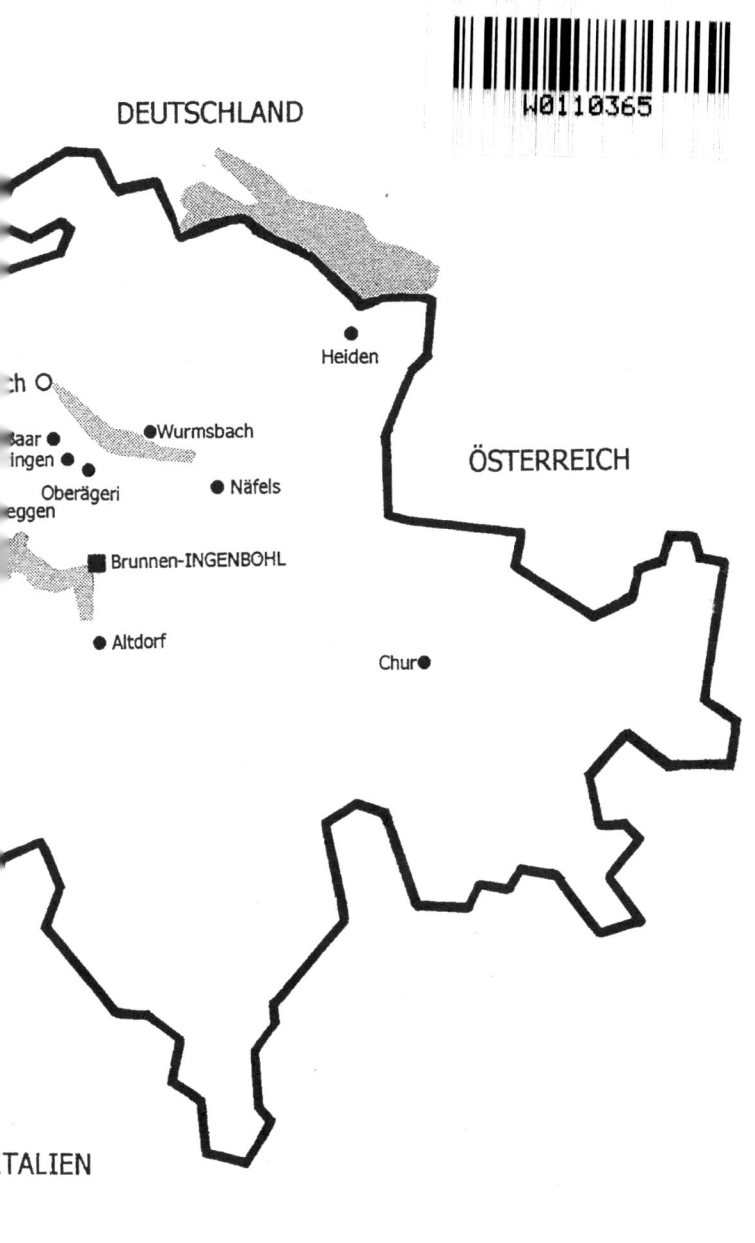

DEUTSCHLAND

ÖSTERREICH

ITALIEN

Heiden

Wurmsbach

Baar
ingen
Oberägeri
eggen

Näfels

Brunnen-INGENBOHL

Altdorf

Chur

Maria Calasanz Ziesche
Für Gott und die Menschen

Für Gott

und die

Menschen

Aus dem Leben der seligen Mutter
M. Theresia Scherer

Erzählt von
Sr. Maria Calasanz Ziesche

Die Deutsche Bibliothek – CIP-Einheitsaufnahme

Ein Titelsatz für diese Publikation
ist bei Der Deutschen Bibliothek erhältlich.

Dieses Buch ist nach den neuen amtlichen
Rechtschreibregeln gesetzt.

ISBN 3-7462-1546-3

© St. Benno Buch- und Zeitschriftenverlagsgesellschaft mbH
Leipzig 2002
Umschlaggestaltung: Ulrike Vetter, Leipzig
Foto: G. Peda, D-94034 Passau
Satz und Herstellung: Kontext, Lemsel
Printed in the Czech Republic

INHALT

Vorwort

Noch ehe das Manuskript für dieses Buch in Druck gegeben werden konnte, erreichte das Kloster Ingenbohl die Nachricht vom Tod der Autorin. Am 31. Juli 2001 starb Schwester Maria Calasanz Ziesche unerwartet während ihres Urlaubs im Gästehaus der Barmherzigen Schwestern vom Heiligen Kreuz in Hegne am Bodensee.

Seit Jahren schätzte sie den Erholungsaufenthalt in Allensbach-Hegne. Von ihrem Zimmerfenster aus hatte sie einen direkten Blick hinüber auf die von ihr so geliebte Insel Reichenau. Wir sehen es als besondere Aufmerksamkeit Gottes, dass Schwester Maria Calasanz von hier aus heimgerufen wurde.

Bei ihren Recherchen erlebten die Schwestern des Mutterhauses Ingenbohl die Schriftstellerin während mehrerer Wochen als bescheidene, dankbare und unermüdlich suchende Ordensfrau. Sie fühlte sich Mutter Maria Theresia in besonderer Weise verbunden und verbrachte manche Stunde betend am Grab der Seligen.

Schwester Maria Calasanz wollte in ihrem – nun letzten – Werk nicht einen vollen Überblick über das Leben der seligen Mutter Maria Theresia Scherer geben. Sie beleuchtet vielmehr einzelne Stationen ihres Lebensweges und schildert die Situationen so, dass der Leser sie miterleben kann.

In ausgewählten Begebenheiten suchte die Autorin das innere Wesen dieser gütigen und kraftvollen Frau auszumalen. Ihr Herz für die Armen und Kleinen, für die Hilfsbedürftigen jeder Art, aber auch für die Schönheit der gottgegebenen Natur kommt auf nahezu jeder Seite zum Ausdruck.

Vor allem wollte Schwester Maria Calasanz mit ihren warmen Worten von der großen Güte Gottes künden, die keine Grenzen kennt.

Ingenbohl im Sommer 2001

EIN AUFTRAG

Es ist ein ehrenvoller Auftrag, wenn eine Kongregation einer Schwester das Vertrauen schenkt, aus dem Leben ihrer seligen Gründerin zu berichten, und zwar in anschaulicher, erzählender Form. Das damalige Geschehen soll gegenwärtig werden – und aus allem die Gestalt der Mutter Maria Theresia aufleuchten.

Ein solcher Auftrag ist nicht leicht auszuführen. Bange Fragen tauchen auf: Kann ich das überhaupt? Werde ich in meiner Erzählung dem Wesen dieser großen Frau gerecht? Wird die Gemeinschaft meine Erzählung akzeptieren, weil die Gründerin in ihr lebendig, gleichsam erfahrbar wird? Fragen über Fragen …

Eine Antwort gibt es nicht. Es ist und bleibt ein Wagnis. So lege ich meine Arbeit im Gebet in Gottes Hände und halte ihm meine leeren Hände hin. Wenn Gutes gelingen wird, ist es seine Gabe, sein Geschenk. Im Vertrauen auf ihn will ich beginnen.

Immer wieder habe ich erlebt, dass Gott die leeren Hände liebt.

Rheinbach im Herbst 2000
Schwester Maria Calasanz Ziesche SND

Gott, hilf mir, beides zu verwirklichen:
mit ganzem Herzen für andere dasein
und immer ganz mit deinem treuen Dasein
rechnen.

Lass uns keinen Hungernden übersehen,
keinen, der unser Wort, unser Zuhören,
unsere Liebe braucht.
Lass uns lieben, wie du uns geliebt.

Erfasse auch mich mit deiner Glut
und lass mich wenigstens ein Funke
von dir sein.

Lass uns erfahren, dass Geben seliger ist
als Nehmen,
dass wir nicht ärmer werden,
wenn wir teilen.
Und schenk' uns die Überzeugung:
wo Güte und Liebe herrschen,
dort nur wohnt der Herr.

Theo Schmidkonz SJ

1

An der Spitze eine Mutter

Ein stiller Sommerabend voller Duft und friedlicher Stille. Der Schein der Abendsonne liegt noch warm auf den Bergen, den grünen Matten, den Häusern von Ingenbohl-Brunnen und dem leuchtenden See. Unwillkürlich verhalte ich meinen Schritt und nehme das Bild der herrlichen Landschaft dankbar in mich auf. Welches Geschenk ist es, hier wohnen zu dürfen!

Nach einem guten Tag, der angefüllt war mit Arbeit und Gebet, mit stiller Besinnung und guten Gesprächen, mit vielen Begegnungen und kleinen und großen Freuden, gehe ich zur Abendmesse in die Krypta des Klosters Ingenbohl...

Mein Gehen ist nach dem Sturz immer noch mühsam, darum bin ich früh auf der Empore des Kirchenraumes. Gewiss – ich nutze die Zeit um zu beten, aber ich lasse meine Blicke auch durch den Raum schweifen. Ich tue es nicht aus Neugier, sondern in einer warmen und herzlichen Verbundenheit mit all jenen, die nun kommen werden. Wird der Ruf der Glocke am Abend dieses herrlichen Sommertags nur ein paar treue Gottesdienstbesucher zur Krypta und zum Grab der Mutter Maria Theresia Scherer führen? Ich kenne dies auch aus manchem Gottesdienst in verschiedenen Pfarreien, in die mich mein Buchapostolat im Laufe der Jahre geführt hat.

Zu meiner Freude füllen sich die Stuhlreihen mehr und mehr. Es sind nicht nur Kreuzschwestern, die aus der

Klausur zum Gottesdienst kommen. Ich entdecke die Häubchen dreier Diakonissen. Und dann nahen sie durch die Eingangspforte: Frauen und Männer, junge Leute, alte Menschen, Kinder... ein steter Strom Andächtiger.

Bald habe ich Nachbarn auf der Empore. Da kniet die vornehm gekleidete Dame neben der abgeschafften Bergbäuerin, der Greis neben dem Touristen. Ich staune frohen Herzens über die stattliche Anzahl und die Verschiedenartigkeit der Besucher... Und dabei lädt das gute Wetter zu Wanderungen, Spaziergängen und Schifffahrten ein.

Natürlich zähle ich die Beter nicht, aber die Gemeinde in der Krypta wächst, bis der Zelebrant an den Altar tritt und das erste Lied erklingt. Wir feiern miteinander das heilige Opfer und sind im Herrn miteinander verbunden. Was führt diese verschiedenartigen Menschen gerade zu diesem Gottesdienst im Kloster am Berghang? Überall in der Umgebung finden Gottesdienste statt. Haben die Leute noch darüber hinaus ein bestimmtes Ziel ihres Weges an diesem Sommerabend? Eint nicht das Grab der seligen Mutter Maria Theresia Scherer hier in der Krypta alle in besonderer Weise? Ist es nicht erstaunlich, dass sich die Menschen zu ihr auf den Weg machen – oder dass sie ihnen Weg zu Christus sein darf – und das in einer Zeit, die nicht selten Heilige und Heiliges missdeutet oder gar verachtet?

Nach der Eucharistiefeier verweilen viele der Beter lange am Grab der Seligen. Ich beobachte, wie ein Schwerbehinderter durch seinen Begleiter ein Brieflein auf die Grabplatte legen lässt.

Wer war diese Ordensfrau, zu der die Menschen unserer Tage eilen? Was fasziniert die Menschen so, dass sie zu ihr kommen, um bei ihr und mit ihr zu beten? Ungeachtet aller gegenteiligen modernen Tendenzen, die manche veranlasst, Heiliges zu belächeln, eilen sie vertrauensvoll wie Kinder zur Mutter mit ihren kleinen und großen Sorgen und Nöten, ihren Freuden und Leiden.

Eine brennende Neugier ist in mir erwacht, der ehrliche Wunsch, diese Frau kennen – und so Gott will – lieben zu lernen.
Ich ahne, dass der Weg zu ihr nicht einfach und leicht ist, so wie es die schmalen, steinigen Pfade nicht sind, die über die Berge ihrer Heimat führen. Unter Umständen muss ich dabei harte und karge Wegstrecken zurücklegen, und das Schritt für Schritt. Aber wenn ich diese Höhe erreiche, dann darf ich auf das reiche und erfüllte Leben der Mutter Maria Theresia Scherer schauen, ein Leben für Gott und die Menschen.

Bei meinem Nachdenken über die Selige von Ingenbohl kommt mir immer wieder ein Lied in den Sinn, das wir in unserem Mutterhaus zu Rom begeistert gesungen haben: „An der Spitze eine Mutter, die uns alle im Herzen trägt, die jedwedes Kindes Lasten mit den Mutterhänden wägt…" Die Mutter, der dieses Lied galt, hat mein Ordensleben entscheidend geprägt. Welch ein Glück wird es sein, wenn ich in Mutter Maria Theresia wieder einer solchen Mutter begegnen darf…

In der Krypta brennt eine Kerze am Grab der Stifterin, als ich das Gotteshaus verlasse. Ein silberner Abglanz des hellen Sommertags liegt noch auf dem Vierwaldstättersee.

2

NEBEL ÜBER DEM SEE

Milde Luft mit einem leichten Geruch nach Wasser, Wiesen und Äckern streichelt in einer zarten Brise die weite Fläche des Vierwaldstättersees. Er spiegelt das lichte Blau des Himmels wider, und an den Ufern das tiefe Grün der Wälder und die ragenden Felsenberge. In der Nacht hat es noch gestürmt und geregnet, doch nun atmet das sommerliche Land die reine Frische. Die Berge stehen wie freundliche Wächter rund um das Gewässer.

Ein junges Mädchen in der kleidsamen Tracht der Gegend sitzt auf einem Felsstück am Wegrand. Auf dem frischen Antlitz liegt ein Zug von Schwermut, der sonst wohl nicht da hingehört. Verhaltene Tränen lassen die braunen Augen trübe erscheinen. Blicke wandern über das Land. Sie sind so intensiv, als wollten sie sich das Bild der Landschaft tief einprägen, es festhalten. Die kräftige, gebräunte Hand des Mädchens spielt mit einer Grasrispe.

Trotz des herrlichen Sommertags bleibt das Antlitz der sonst stets so fröhlichen Katharina Scherer umschattet. Nur ein Steinwurf entfernt steht das alte, von Wind und Wetter dunkelbraun, fast schwarz gewordene Holzhaus im kleinen Garten mit dem niedrigen Zaun. Es ist ihr Elternhaus in Meggen, ein bescheidenes Bauernhaus. Unter seinem Dach war Katharina seit ihren ersten Lebensjahren geborgen, unbefangen und fröhlich im Kreis ihrer Familie.

**Das Bauerngut „In der Weid" in Meggen, Kanton Luzern.
Hier wurde Katharina Scherer am 31. Oktober 1825 geboren.**

Obwohl Scherers arm waren, entbehrte das glückliche Kind nichts. Es hatte ja die Mutter, die Geschwister und vor allem den geliebten Vater.

Im Rückerinnern an den gottesfürchtigen, arbeitsamen und fröhlichen Mann spielt ein Lächeln um den Mund des Mädchens. Wie gerne ist sie mit dem Vater zusammen gewesen! Auf der mageren Wiese dort hat sie ihm beim Heumachen geholfen, sobald ihre Kinderärmchen in der Lage waren, den Rechen zu führen. Der Kartoffelacker am See hat Vater und Tochter bei der Ernte erlebt. Mit großer Sorgfalt wurde der Acker durchsucht. Jede Kartoffel war eine Kostbarkeit und ergab mit Milch oder in der Schale gekocht eine köstliche Mahlzeit.

Brot, Käse, Gemüse, und gelegentlich auch ein Stückchen Speck oder Fleisch, waren Bestandteile des einfachen, aber sättigenden Essens.

Alles im Haus Scherer trug den Stempel der Armut und Einfachheit. Dennoch war es ein reiches Haus, weil Liebe und Frohsinn in gutem Miteinander der Familie darin wohnten. Gebete, Lieder und frohes Lachen schmückten und trugen das einfache und manchmal harte Leben, so wie die roten Geranien auf der Fensterbank den dunklen Ernst der Holzfassade mit ihrem Leuchten aufhellten.

Ja, es war ein gutes Leben! Das Mädchen auf dem Stein am Wegrain nickt nachdrücklich. Im besten Gewand ging man miteinander zur Kirche. Dabei war das Herz der kleinen Katharina mit einer frohen Erwartung erfüllt. Sie liebte den schlichten Kirchenraum und die Lieder der Gemeinde. Die kraftvolle und lange Predigt des Pfarrers verstand sie freilich noch nicht. Dann wanderte der Blick des Kindes verstohlen zum Gesicht des Vaters. Es war zugleich ernst und gütig, und trug so manche Falte, die schwere Arbeit und Sorge um das tägliche Brot dort eingekerbt hatten. Der Rücken des Vaters war früh gebeugt, und seine mageren Hände glichen knorrigen Wurzeln. Katharina hätte diese Vaterhände gerne gestreichelt. Wenn sie mit der Gemeinde das Vaterunser betete, war es leicht für sie, vom irdischen Vater zum gütigen Vater im Himmel hinzufinden. Ab und zu lenkte ein Wink des Vaters seine kleine Tochter wieder auf das Geschehen am Altar hin. Vater Scherer Freude zu bereiten, war stets das Bestreben des Kindes.

So lebte Katharina Scherer in einer heilen und hellen Welt, in einer Geborgenheit, die vor allem der Vater gab.

Sie durfte mit dabei sein, als er mit den Brüdern Bäume fällte. Aus den Stämmen würde der Sägmüller Bretter schneiden für das neue Haus in der Rippertschwand. Beim Baumfällen konnte die Kleine natürlich nicht helfen, aber sie wollte dabei sein und füllte ihr Eimerchen eifrig mit Waldfrüchten für daheim. Sie war ordentlich Stolz, wenn die Familie am Abend ihre Walderdbeeren und andere Wildfrüchte in der Milch verzehrte. Zur Feier des Tages hatte die Mutter jeder Portion ein wenig Honigsüße zugefügt. Wie das schmeckte! Katharina wurde nicht müde, dem Vater zuzuhören, wenn er nach dem Abendessen von seinen Plänen für das neue Haus sprach.

„Wir haben damit begonnen, die Grube für den Keller auszuheben…", murmelte der Vater. Er war todmüde, und doch von einem inneren Feuer der Begeisterung erfüllt. „Wie schön wird es sein, wenn wir in einem eigenen Haus wohnen!" Er malte es förmlich aus: Keller, Stuben, Küche, Stall. Katharina konnte es vor sich sehen, ja, sie vermeinte sogar schon das Muhen der Kühe und das Gackern der Hühner in der Rippertschwand zu hören. „Ich werde auch ganz, ganz fleißig helfen!" nahm sie sich vor.

Doch wie so oft beendete die Mutter das abendliche Planen mit einem Achselzucken und den nüchternen Worten: „Wer weiß, wie lange das noch dauert!" Das Leuchten auf dem Gesicht des Vaters war wie weggewischt.

Irgendwie spürte das Kind Katharina etwas wie einen dunklen und kühlen Schatten, der die frohe Zuversicht des Vaters bedrohte. In der engen Schlafkammer, die sie mit ihren Schwestern teilte, kniete sie später vor dem kleinen Kreuz über der Bettstatt und flehte still: „Lieber Gott, hilf dem Vater, damit er ganz bald unser neues Haus bauen kann!"

Am nächsten Morgen beim Anblick des Sees war die Szene vom Vorabend vergessen. Wie schön ist die Welt! Sie konnte es nicht in Worte fassen, aber sie empfand es in immer neuem, dankbarem Staunen. Sie ahnte nicht, dass sie mit dieser Gabe, die Welt zu sehen, ein besonderes Geschenk erhalten hatte. Während die Geschwister achtlos an all dem Schönen vorbeigingen, konnte sie über ein grünes Kraut, eine bunte Blume, über die Zeichnung der Schmetterlingsflügel, den schillernden Panzer eines Käfers, den Gesang der Vögel und das Zirpen der Grillen staunen. Ihr Kinderherz nahm bewundernd die wechselnden Stimmungen auf der weiten Wasserfläche des Sees, das satte Wiesengrün der Alpwiesen und die schwindelerregende Höhe der Felsenberge wahr. Katharina konnte sich jeden Tag von neuem daran freuen. Das Schöne und Große wurde ihr nie selbstverständlich. Seit der Vater ihr gesagt hatte, dass Gott all dies geschaffen und den Menschen geschenkt hat, dankte sie ihm in ihren kindlichen Gebeten dafür.

Verbrachte der Vater am Abend eine kurze Mußezeit auf der alten Bank vor dem Haus, gesellte sich Katharina gerne zu ihm. Während die Dämmerung sich langsam und friedenbringend über das Dorf und die Wälder, die Äcker und den See senkte und nur die Berggipfel in letztem Sonnengold erglühten, schwiegen Vater und Tochter in stillem Einvernehmen.

Dann ergriff etwas Unerklärliches, ein bisher unbekanntes Gefühl das Herz des Kindes. Es war ein Gemisch aus Freude und einem leise werbenden Sehnen nach etwas, dem Katharina keinen Namen zu geben vermochte. Sie wünschte, dass alles immer, immer so bleiben möchte, und tastete verstohlen nach der knochigen, von der Arbeit schwieligen Hand des geliebten Vaters. Aber sie ahnte, dass etwas anders werden würde, dass immer Neues sie erwartete… Und dann wurde wirklich mit einem Mal alles anders. Sie verlor ihre Sicherheit und Geborgenheit, das friedvolle Gleichmaß ihres Kinderlebens.

Katharina war sieben Jahre alt, als der Vater starb. Eine Lungenentzündung raffte ihn in wenigen Tagen dahin. Zuerst vermochte das Kind es kaum zu begreifen, dass der Vater für immer fortgegangen war.

Auch noch das junge Mädchen am Wegrand spürt im Nachsinnen den tiefen Schmerz, das Unwiederbringliche dieses Verlustes. Im Geiste sieht sie wieder die Mutter, die Geschwister, die Verwandten und den Pfarrer von Meggen in der kleinen Küche. Alle sind dunkel gewandet und beratschlagen lange mit ernsten Mienen. „Was soll nun mit der Witwe und den Kindern werden?", so hatte der Pfarrer das Gespräch eingeleitet. „Witwe Scherer kann unmöglich aus den mageren Äckern und Wiesen genügend herausschaffen, um sich und ihre Kinder zu erhalten. Man wird alles verkaufen müssen – und die älteren Kinder verteilen. Ich bin bereit, eines zu nehmen… Nur die Kleinen können bei der Mutter bleiben. Wer von euch hat auch die Möglichkeit, einen Jungen oder ein Mädchen zu sich zu nehmen?"

Onkel Sigrist vom ‚Haus im Loch' meldet sich sogleich: „Die Emmerenz wird gut für das Kind sorgen. Platz haben wir reichlich." Er lässt seinen Blick über die ängstlichen Kindergesichter wandern. Er lächelt Katharina zu. „Würdest du gerne zu uns kommen?" Das Mädchen zuckt zusammen und schaut fragend zur Mutter hin. Die wird sie doch bestimmt nicht gehen lassen!

Das Gesicht der Mutter ist starr. Sie presst die blassen Lippen zusammen und nickt dem Sigrist zu: „Nimm sie! Es wird ihr helfen, den Schmerz zu überwinden, wenn sie in eine andere Umgebung kommt. Sie war immer ein Vaterkind!" Ein Vaterkind? Die Mutter hat es trocken und abweisend gesagt. Ein Vaterkind? Ein Schluchzen steigt in Katharinas Kehle hoch. Sie hat furchtbares Heimweh nach dem liebevollen und gütigen Mann. Es ist ihr, als ob sie erst jetzt begreifen würde, dass er nie mehr wiederkommt und dass sein Haus, das Haus auf der Rippertschwand nie gebaut werden würde.

Blind vor Tränen flüchtet sie aus der dumpfen Luft der überfüllten Kammer in den Garten und kauert sich auf Vaters Bank. Dort findet sie ihr Onkel nach einer ganzen Weile. Er legt ihr tröstend die Hand auf den Kopf. „Komm, kleines Mädchen! Sag der Mutter und den Geschwistern ade. Dein Bündel ist schon geschnürt. Weißt du, ich freue mich, wenn ein wenig mehr Leben in unser Haus kommt. Die Emmerenz wird lieb zu dir sein. Du brauchst keine Angst vor ihr zu haben, wenn sie auch manchmal grimmig dreinschaut. Ja... und den See hast du bei uns gleich vor der Haustür." Zaghaft blinzelt Katharina zwischen den vom Weinen verquollenen Lidern zu ihm auf. Er greift nach ihrer kleinen Hand. „Wollen wir es miteinander wagen? Hm, was meinst du?" Da nickt sie ein wenig. Er merkt, dass sie nicht begriffen hat, warum die Trennung eigentlich sein muss. Er wird ihr Zeit lassen, viel Zeit lassen...

Die Mutter hat die wenigen Habseligkeiten bereits bereitgestellt. Leibwäsche, Schürzen, ein Werktagskleid, ein Kopftuch und einen warmen Lodenumhang für den Winter. „Hab' gut auf deine Sachen acht! Vorerst gibt es nichts Neues. Emmerenz wird dich lehren, ein Paar Strümpfe zu stricken, Wolle liegt bei", sagt die Mutter mit unbewegtem Gesicht. Plötzlich zuckt es um ihren Mund, ihre Augen werden feucht. „Es muss sein, dass du mit dem Onkel gehst, Kathrinli", murmelt sie und streicht unbeholfen über die Schulter ihrer Tochter. „Ich habe kein Geld und auch keine Kraft, um euch alle bei mir zu behalten... und außerdem wird ja das Haus verkauft, und ich muss mit deinen jüngsten Geschwistern in eine kleine Wohnung ziehen."

Das Kind starrt der Frau in das fahle, leidgezeichnete Gesicht. Es ist unfähig zu begreifen, dass die wirtschaftliche Notlage die Mutter zwingt, die Familie auseinander reißen zu lassen. Zudem haben alle hilfsbereiten Angehörigen, Nachbarn und auch der Pfarrer zur Bedingung gemacht, dass die älteren Kinder verteilt werden. Ohne sich der Bedeutung ihrer Worte recht bewusst zu sein, sagte Katharina: „Vater hätte kein einziges Kind weggegeben!"

Mit einem erstickten Schluchzen wendet sich die Mutter ab. Zuerst steht sie still da, wie erstarrt. Dann lässt sie ihre mageren Schultern sinken, eine vage Geste der Hilflosigkeit und Resignation. Sie fühlt sich unendlich müde und schwach. „Ja, ja", bestätigt sie mit heiserem Flüstern, „er hätte kein einziges Kind weggegeben, er nicht." Sie wendet sich um und verlässt das arme Dachkämmerchen...

Im ‚Haus im Loch' schließt die Magd Emmerenz das blasse, verstörte Kind, das ihr Brotherr mitbringt, sofort in die Arme. So spontan reagiert die Emmerenz selten. Ihr gebräuntes, holzschnittartiges Gesicht trägt den Ausdruck mütterlicher Güte. Die Magd schaut ihren Brotherrn

Das Gutshaus „Im Loch" in Meggen.
Hier wuchs Katharina bei Verwandten ihrer Mutter
nach dem Tod des Vaters auf.

beinahe vorwurfsvoll an. „Was habt Ihr dem armen Kind zugemutet, gleich am Begräbnistag des Vaters!" brummt sie. Dabei streichelt sie mit ihren großen, rauhen Händen durch das vom Wind zerzauste Haar der kleinen Katharina. Die drückt vertrauensvoll den Kopf an das Mieder der Magd. Sie weiß, dass sie bei Emmerenz ein Zuhause finden wird.

„Habt ihr nicht einmal die Zeit gelassen, sich ordentlich auszuweinen! Was versteht ihr Mannsleute von dem Leid eines Kindes!" brummt die stämmige Frau. Bei den barschen Worten der Haushälterin senkt der Bauer verlegen den Kopf. Was sie sagt, ist ebenso offen wie wahr.

„Gemach, Emmerenz... sie haben es alle so gewollt, auch der Herr Pfarrer. Wenn alles ganz rasch ginge, würd' es weniger weh tun." Rasch fügt er hinzu: „So war es übrigens auch der Wunsch der Mutter." Emmerenz presst die Lippen zusammen. „Mutter...?" murmelt sie fragend. Bezweifelt sie die Mütterlichkeit der Witwe Scherer?

Dann reißt sie sich zusammen. Sanft richtet sie das Kind auf und legt ihm einen Arm um die Schulter. „So, nun komm, Kathrinli, ich zeige dir deine Stube. Du kannst deine Sachen in die Kommode räumen und dich langsam eingewöhnen." Gehorsam steigt das Mädchen mit ihr die schmale Holzstiege hinauf. Im dunklen Gang öffnet die Magd eine der Türen und schiebt das Kind in die braungetäfelte Kammer. Unter der Dachschräge steht ein Bett mit blau-weiß gewürfeltem Bettzeug. Staunend streichelt Katharina das karierte Kissen. Es ist so weich – sicher nicht nur mit Stroh gefüllt, wie daheim.

„Ist das mein Bett?" fragt das Kind. „Habe ich die Kammer allein für mich?" Bisher hat sie Bett und Kammer mit den Geschwistern geteilt. Emmerenz stösst das kleine Dachfenster auf. „Ja, das ist deine Kammer! Und schau – wie nah der See ist!" Katharina klettert auf den einzigen Schemel, um die Dachluke zu erreichen. Mit einem Male lächelt sie. „Oh, der See, der See!" ruft sie begeistert aus. Er ist für sie Heimat.

Sie ahnt im Innern, dass ihr Leben irgendwie wieder ins Lot kommen würde. Und dieses Gefühl täuscht sie nicht. Sie denkt stets an die Mutter, die Geschwister und das Haus in der Weid, aber der brennende Schmerz lässt nach. Sie wird heimisch im Haus am See und eine vertraute Freundin der Magd Emmerenz. Diese führt das Mädchen ruhig, bisweilen ernst, aber im Grunde genommen immer gütig, Tag für Tag voran, lehrt sie die kleinen Pflichten in Haus, Garten, Stall und auf dem Acker. Mit Begeisterung lernt das Mädchen Kochen und Nähen. Von der Schule eilt sie immer rasch zum ‚Haus im Loch'. Lernen macht ihr Freude. Es fällt ihr leicht, denn sie hat ein ausgezeichnetes Gedächtnis. Emmerenz achtet darauf, dass sie stets zuerst die Schulaufgaben macht, ehe sie sich den anderen Pflichten widmet.

Längst ist sie aus den Sachen herausgewachsen, die sie von daheim mitgenommen hat. Die treue Magd sorgt dafür, dass sie ordentlich gekleidet ist, dass sie neben dem Nähen auch Stricken und Sticken, aber auch Stopfen und Flicken lernt.

Nachdem das erste brennende Leid gewichen ist, gewinnt Katharina ihre gesunde Lebensfreude zurück. Sie hat ihren geliebten See, ein gutes Daheim und die frohe Gemeinschaft in der Schule. Sie ist sogar ein wenig mutwillig und spielt dem Lehrer kleine Streiche. Er ist ihr nicht böse. Ihr unbeschwertes Lachen und ihr klarer Blick lassen bei ihm erst gar keinen Zorn aufkommen. Zudem sind die Streiche nie böse gemeint.

Emmerenz gönnt ihr die freien Stunden, in denen sie Blumen pflücken, Beeren sammeln oder einfach durch die Gegend streifen darf. Sie lacht und singt viel und gerne und ist bei ihren Schulkameradinnen beliebt. Dabei verleugnet sie nie ihren starken Willen, mit dem sie ihre kindlichen Ziele anstrebt.

Nach lauter Fröhlichkeit liebt sie die stillen Stunden, in denen sie nur schaut, staunt und über das Schöne nachsinnt. „Wie schön und groß muss Gott sein, der das alles gemacht hat!" ruft sie manchmal beglückt aus. Dann können ihr ihre Gefährtinnen nicht ganz folgen.

Auch Katharinas Frömmigkeit ist geprägt von dem dankbaren Staunen. Sie liebt die Geborgenheit und das Gleichmaß ihres Lebens. Sie stellt keine bohrenden und drängenden Fragen. Scheinbar übergangslos wird sie vom Kind zum jungen Mädchen. Trotz schwerer Arbeit bleibt sie leichtfüßig und beschwingt. Anmutig tanzt sie die alten Volkstänze. Sie ahnt nicht, dass ihr mancher Blick junger Burschen folgt, wenn sie lächelnd, mit erhitzten Wangen und einem Lied auf den Lippen die Hand zum Bändertanz reicht. Wird ihr Leben immer so weitergehen?

Katharina plant nicht für die Zukunft. Sie lebt einfach Tag für Tag und erfüllt willig ihre großen und kleinen Pflichten. Wenn sie überhaupt an die Zukunft denkt, so trägt sie den Wunsch in sich, für Menschen zu sorgen. Wie das sein wird, überlegt sie sich aber nicht. Soll sie heiraten? Nein, den Gedanken schiebt sie von sich, ohne über eine andere Lösung nachzudenken.

Das Mädchen auf dem Stein am Seeufer seufzt. Seit heute Morgen ist alles anders. Emmerenz hat sie aus dem Garten hinter dem Haus gerufen: „Der Herr Pfarrer und deine

Mutter sind in der Stube. Sie wollen mit dir sprechen." Das grimmige Gesicht der Magd verrät nichts. „Habe ich etwas falsch gemacht, Emmerenz?" fragt das Mädchen betroffen. Ihr Herz klopft mit einem Mal rasch und ungestüm. Emmerenz schweigt, und gerade das wirkt bedrohlich. Mit einem Schlag ist Katharina der Begräbnistag des Vaters wieder gegenwärtig. Auch damals haben Mutter und Pfarrer ihr Leben geregelt, ohne sich um die Leiden des Kindergemüts zu kümmern. Sie ahnt instinktiv, dass wieder Neues auf sie zukommt.

Zögernd verhält sie den Schritt vor der Wohnstube, ehe sie eintritt. Drei Gesichter wenden sich ihr zu. Mit Wohlgefallen betrachtet die Mutter ihre Tochter mit dem offenen Antlitz und den leuchtenden, braunen Augen. „Komm näher, Katharina", sagt die Mutter freundlich und reicht ihr die Hand. „Der Herr Pfarrer und ich, wir haben dir etwas zu sagen. Setz dich!" Unbehaglich hockt sich Katharina auf die Kante der Eckbank.

Der stattliche geistliche Herr nippt an dem Gläschen Selbstaufgesetztem und räuspert sich umständlich, ehe er zu sprechen beginnt. „Ahem, wir meinen, dass es an der Zeit ist, dass du anderswo dein Wissen und Können erweiterst. Du bist jetzt immerhin sechzehn Jahre alt…" Er macht eine Pause und wischt sich mit seinem roten Schnupftuch die hohe Stirn. „Darf ich Lehrerin werden?" platzt Katharina heraus. Kinder unterrichten – das ist ihr Herzenswunsch, den sie sich kaum selbst eingestanden hat. Und nun hat sie ihn formuliert.

Lehrerin? Pfarrer, Mutter und Onkel schauen sich verdutzt an. Welch kühne, fast vermessene Idee! Einen Moment schweigen sie. Schließlich schüttelt der Pfarrer von Meggen den Kopf und fährt verlegen mit der Rechten durch sein schütteres, ergrautes Haar. „Lehrerin? Schlag dir das aus dem Kopf! Du hast allzu kühne Pläne, Kind. Eine solche Ausbildung kostet Geld und Zeit. Wir sind der Ansicht, dass du in einem städtischen Haushalt deine Kenntnisse erweitern und vertiefen sollst…"

„In der Stadt?" Entsetzen klingt aus der Stimme des Mädchens. Der Pfarrer runzelt unwillig die Stirn. „Ja, Katharina, es ist beschlossene Sache! Du gehst zu den Schwestern, die im Bürgerspital zu Luzern arbeiten. Sie werden dich anleiten. Hier hast du ausgelernt." Katharina erblasst. „Zu den Schwestern nach Luzern?" stammelt sie. „Ich… möchte nicht fort von hier…"

Nun ziehen sich die dicken Brauen des Pfarrers zusammen. „Was du möchtest, spielt gar keine Rolle. Wir haben es beschlossen, zu deinem Besten beschlossen, deine Mutter und ich." Mit zitternden Lippen wendet sich Katharina zum Onkel. „Willst du auch, dass ich fortgehe?" Verlegen saugt der Bauer an der kalten Pfeife. Er weicht ihren Blicken aus. „Ich bin nicht dein Vormund, Kathrin. Was ich möchte, ist nicht entscheidend. Auf jeden Fall bist du bei mir immer zuhause! Aber… du wirst nach Luzern gehen müssen. Wenn du es im Spital nicht aushältst, kommst du zu mir zurück."

Die Mutter wirft dem Onkel einen strafenden Blick zu. „Rede dem Kind keine solchen Flausen ein, sonst läuft es in Luzern gleich davon. Du gehst nach Luzern, Tochter. Basta! Gewiss wird dir die Emmerenz helfen, deine Sachen zu richten – Nein, ich will kein Wort des Widerspruchs mehr hören! Verstanden? Der Muggli Toni bringt dich in der nächsten Woche nach Luzern. Es wird dir nur gut tun, bei den frommen Frauen eine Zeit lang ein strengeres Leben zu führen, ohne Musik und Tanz!"

Ist es das, was sie ihr nehmen wollen, die Gesangsproben im ‚Haus im Loch' und das unbeschwerte Tanzen und Lachen mit den jungen Burschen? „Ich soll den See verlassen?" stottert sie. Da lacht der Pfarrer kollernd. „Den See? Haha, den findest du auch dort wieder." Dann sind die beiden Unheilsboten gegangen.

Die Magd Emmerenz hat zum Bericht des Mädchens lange geschwiegen. Endlich hat sie Katharina nach draußen geschickt, obwohl Kartoffeln geschält werden müssen. „Geh' an den See oder in den Wald! Lauf dich aus. Das hilft meistens." Mit der Feinfühligkeit des einfachen, mütterlichen Herzens weiß sie, dass Katharina in der Natur am ehesten ihr inneres Gleichgewicht wieder findet.

Lang läuft sie am Seeufer auf und ab und setzt sich schließlich müde und traurig auf einen Stein.

Später steigen leichte Nebel über dem Wasser auf. Es wird kühl. Sie fröstelt und steht auf. Sie muss heim, sonst macht sich die Emmerenz Sorgen. Heim? „Wo bin ich denn eigentlich zuhause?" murmelt sie leise vor sich hin. Sie reckt sich, denn sie ist ganz steif geworden vom langen Sitzen in der Abendkühle.

Langsam geht sie zur Kirche. Auch das vertraute Gotteshaus muss sie vermissen in der Fremde, in Luzern. Sechzehn Lebensjahre war es ihr ein treuer Begleiter...

Katharina Scherer tritt über die Steinschwelle in das Dämmerlicht des hohen Raumes. Über dem Altar hängt ein altes Kruzifix.

Sie kniet nieder. Auch ohne Worte ist ihr Gebet ein einziger Hilferuf, eine Bitte um Kraft und Mut. Langsam ebbt der Sturm in ihrem Innern ab. Sie schaut auf. In der Stille meint sie zu vernehmen. „Ich bin bei dir alle Tage deines Lebens, wohin dich dein Weg auch führt!"

3

Im Bürgerspital zu Luzern

Mit gleichmäßigem Rauschen prasselt der Regen in dicken Schnüren gegen das Wagendach. Er hüllt die Berge und den See in einen grauen Schleier. In der schmalen, unbefestigten Uferstraße haben sich tiefe Wasserrinnen gebildet. Schlammiges Wasser spritzt unter den Hufen des schweren Pferdes und neben den langsam mahlenden Rädern des Karrens auf. Missmutig stapft das Ross an den tropfenden Büschen und Gräsern vorbei. Kutscher Toni hockt zusammengekauert auf seinem engen Sitz und starrt in düsterem Schweigen vor sich hin. Neben ihm fröstelt das Mädchen Katharina unter der alten, grünen Decke. Wie langsam geht die Reise nach Luzern vor sich!

Regenrauschen, Hufestapfen und das Knarren der Räder sind die einzigen Geräusche in dieser trostlosen Regenlandschaft. Jede Umdrehung der Räder bringt sie weiter fort vom ,Haus im Loch'. Was in der Stadt auf sie zukommt, scheint ihr so undurchsichtig und trostlos wie das Grau des Regentages. Sie konnte nicht einmal einen Abschiedsblick auf Meggen werfen. Sie denkt auch nicht mehr an das frische Brot und den kleinen Käselaib. Emmerenz hat ihr fürsorglich den Reiseproviant zugesteckt. „Wer weiß, wann es in diesem Spital etwas zu essen gibt", hat sie dabei gebrummt. „In der Stadt haben sie ohnehin nichts Rechtes. Denk' daran: Wenn es dir dort nicht gefällt, kommst du einfach wieder heim."

Katharina überlässt sich dem Holpern, Rütteln und Schütteln des Karrens. Das Schweigen des alten Toni, der sonst immer ein gutes und scherzhaftes Wort für sie gehabt hat, bedrückt sie. An wen soll sie sich halten? Was kann sie planen und erhoffen? Sie fühlt sich innerlich dumpf und zerschlagen. Nein, sie kann jetzt auch nicht beten. Fast die ganze Nacht lag sie wach. Nun kommt die Müdigkeit wie träge Wellen über sie. Schließlich schläft sie trotz ihrer unbequemen Haltung, trotz Kälte und Feuchtigkeit, ein und entflieht so ihrem großen Herzeleid. Sie träumt, sie wäre im Sonnenlicht am See...

Jäh wird das Mädchen aus ihren Träumen wachgerüttelt, als der Karren über Kopfsteinpflaster rumpelt. Sie hat Kopfschmerzen, und ihr Hals ist starr und steif. Sie niest kräftig und reibt sich die Augen. Rechts und links ragen graue Mauern auf.

„Wo sind wir?" Einen Moment ist sie verwirrt. „In Luzern, du Schlafmütze", gibt der Toni zurück. Er ist besser gelaunt. Der Regen hat aufgehört, und er hat das Ziel seiner Fahrt erreicht. Jetzt muss er nur noch das Mädchen im Bürgerspital abliefern, und dann kann er sich im ‚Rebstock' Ruhe und ein gutes Gläschen gönnen.

Katharina starrt auf die schmalbrüstigen Häuser, die hier dicht an dicht stehen. Sie sieht keinen Baum und kein grünes Gras – wie hässlich ist die berühmte Stadt Luzern! Frauen und Männer hasten vorbei. Sie werfen keinen Blick auf den bäuerlichen Karren mit dem plumpen Ross. „Gleich sind wir da", sagt der Toni. Verstohlen reckt das Mädchen die Glieder und tastet dann nach ihren Habseligkeiten. Sie ist froh, dass die Fahrt bald zu Ende ist.

Sie hat Durst und ist immer noch müde. Zugleich mehrt sich in ihrem Herzen die Angst vor dem Neuen und

Unbekannten. Spital? Sie kann sich nichts Rechtes darunter vorstellen. Sie war immer kerngesund, und in Meggen wurden kranke Menschen in den Häusern gepflegt. Nur der Gemeindebote Hofer hat schauerliche Dinge von seinem Aufenthalt im Spital erzählt. Es sei dort furchtbar gewesen, und er habe kaum etwas zu essen bekommen. Die Schwestern seien schlimmer gewesen als der Dorfpolizist. Nicht einmal ein Gläschen Schnaps hätten sie ihm gegönnt, sondern ihm einfach die Flasche weggenommen. Alles Protestieren habe nichts geholfen. „So stelle ich mir das Fegefeuer vor", hat Hofer abschließend festgestellt. „Keine zehn Pferde kriegen mich da wieder hin!"

Katharina krampft kurz ihre kalten Hände zusammen. Dann streckt sie das kräftige Kinn vor. Sie will zunächst tun, was man von ihr verlangt. Aber sie hat zwei silberne Fünfliber in den Rocksaum eingenäht. Wenn es ihr im Spital nicht gefällt, reißt sie aus und kehrt nach Meggen zurück.

Es ist vor allem die Mutter, die ihr den Aufenthalt in Luzern verschrieben hat. Die willensstarke, kluge Tochter war ihr vielleicht im Weg, das Lieblingskind des verstorbenen Gatten. Hat sie neue Lebenspläne? Will sie etwa wieder heiraten? Im Dorf geht allerlei Gerede um, und der Verdacht, es könnte wirklich sein, lässt das Mädchen nicht los.

„So, da sind wir", meint der Toni zufrieden. Er weist mit dem Peitschenstiel auf ein massives Gebäude mit kleinen Fenstern. Das Haus ist grau, unansehnlich und irgendwie abweisend. Katharina schwingt sich mit einem Satz vom Karren, das Bündel in der linken Hand. Sie reicht dem alten Mann die Hand. „Herzlichen Dank für das Mitnehmen, Toni! Grüß mir bitte den Onkel und die Emmerenz." Er nickt. „Mach es gut, Kind! Ich frage gelegentlich einmal nach, wie es dir geht." Das Pferd zieht an. Sie schaut dem Karren nach, bis er ihren Blicken entschwindet.

Noch eine ganze Weile bleibt sie vor dem Haus stehen. Dann atmet sie tief durch und macht ein großes Kreuzzeichen, wie sie es vor dem Beginn einer neuen Arbeit in Meggen getan hat. Die Emmerenz hat es sie so gelehrt. Dann wendet sie sich jäh dem schweren Eingangstor zu und zieht an der rostigen Klingelschnur. Sie hört, dass eine Glocke durch das Haus hallt.

Es dauert eine ganze Weile, bis sich schlurfende Schritte nähern. Die Tür öffnet sich und im Türspalt erscheint das runzelige und durch die weiße Umrahmung spitznasig wirkende Gesicht einer Schwester. Sie betrachtet das Mädchen mit scharfem, prüfendem Blick. „Grüß dich Gott! Was ist dein Begehr?" fragt sie mit hoher Stimme und einer seltsam fremden Aussprache. „Ich… ich bin die Katharina Scherer aus Meggen und soll hier den Haushalt lernen", antwortet Katharina schüchtern. „Wie? Du bist ganz allein gekommen? Ohne deine Mutter?" Die Fragen drücken deutliche Missbilligung aus. Unerhört, dass so ein junges und gutaussehendes Kind vom Land allein in die Stadt kommt! Das kann die Schwester nicht verstehen.

„Der alte Toni hatte eine Fahrt nach Luzern zu machen, und er hat mich mitgenommen", berichtet das Mädchen. „Soso, der Toni!", murmelt die Schwester kopfschüttelnd. „Na, dann komm mal herein, Katharina Scherer." Zögernd tritt Katharina ein. Aus dem düsteren, kalten Flur schlägt ihr ein dumpfer und zugleich scharfer Geruch entgegen.

Eingang zum ehemaligen Bürgerspital in Luzern

Ohne ein weiteres Wort führt die Pförtnerin sie in ein
enges Kämmerchen, in dem ein runder Tisch und drei
Holzstühle stehen. Das schmale, schiessschartenartige

Fenster lässt wenig vom ohnehin trüben Tageslicht herein. Katharina setzt sich auf einen der geradrückigen Holzstühle und legt ihre Sachen auf den Boden. Wie durstig sie ist! Sie netzt die trockenen Lippen vorsichtig mit der Zunge. Ihr Blick fällt auf das bunt bemalte Holzkreuz. Christus windet sich in Todesqualen am Kreuzesbalken und ist über und über mit Blut überströmt. Sein grünliches verzerrtes Antlitz lässt sie schaudern.

Sie friert... Die Wartezeit dauert ewig, oder will es ihr, dem müden, hungrigen und durstigen Mädchen nur so erscheinen? Es dauert und dauert, bis sich rasche und energische Schritte nähern. Unwillkürlich erhebt sich Katharina und sieht erwartungsvoll zur rissigen Holztür. Eine schlanke, hochgewachsene Ordensfrau mit einem scharf geschnittenen Antlitz und lebhaften Augen tritt ein. „Grüß Gott", sagt sie mit einem freundlichen Lächeln und reicht dem Mädchen die Hand. „Du bist also Katharina Scherer aus Meggen. Herzlich willkommen bei uns im Bürgerspital! Wir haben sehnsüchtig auf dich gewartet. Ich bin Soeur Marie-Hortense. Setz dich doch wieder hin."

Sie lässt sich ebenfalls nieder und blickt Katharina prüfend an. „Nun sag' mir ehrlich, mein Kind, bist du gerne zu uns gekommen?" „Nein, ich bin nicht gerne gekommen. Ich wäre lieber in Meggen geblieben. Ich habe mich nur gefügt", bekennt das Mädchen leise. Doch sie blickt gerade in die klaren Augen der Ordensfrau. Sie nickt: „Nun, du bist wenigstens ehrlich. Aber wollen wir nicht wenigstens versuchen, miteinander auszukommen? Vielleicht gefällt es dir mit der Zeit hier recht gut." Sie blickt in das skeptische Gesicht ihres Gegenübers. „Wenn du es nicht schaffst, bin ich bereit, dir zur Heimkehr nach Meggen zu verhelfen.

Du wirst merken, dass Gutes aus dem erwächst, was man mutig anpackt, auch wenn es nicht den eigenen Wünschen und Neigungen entspricht! Oh, ich habe ganz vergessen, dass du nach der mühseligen Fahrt gewiss Hunger und Durst hast! Eine Tasse warme Milch und ein Käsebrot wären dir sicher willkommen, nicht wahr?" Mit einem Seufzer der Erleichterung nimmt Katharina das Angebot an.

Nach der kleinen Mahlzeit geht es ihr auch gleich besser. Vor allem hat sie das echte Wohlwollen der Soeur Marie-Hortense gespürt. „Wir wollen uns jetzt das Haus ansehen, Katharina. Du musst wissen, dass wir mit geringen Mitteln auskommen müssen. Die Ratsherrn der Stadt Luzern tun sich schwer darin, uns das notwendige Geld zu bewilligen. Gehen wir zuerst in die Küche. Dann kennst du bereits deinen Arbeitsplatz."

Die Hospitalküche ist ein ziemlich niedriger, verrußter Raum mit einer großen Herdstelle. In einem gewaltigen Topf brodelt eine Gemüsesuppe, der Kohlgeruch verrät es. An einem Küchentisch sitzen zwei Frauen und schälen Kartoffeln. Sie schauen kaum auf und erwidern nur murmelnd den Gruß. „Soeur Marie-Anne! Margrit!", spricht die Oberin sie an. „Das hier ist Katharina Scherer, unsere neue Hilfe. Sie wird mit dir die Kammer teilen, Margrit." Das ältere Mädchen nickt.

Die Küchenschwester meint trocken: „Endlich bist du da! Es wurde aber auch Zeit, dass wir Hilfe bekommen!" Kein gerade herzlicher Empfang...

Soeur Marie-Hortense drängt weiter. Durch einen hohen, schmalen und düsteren Gang gelangen sie zur Hauskapelle. „Hier feiert jeden Tag ein Priester die heilige Messe. Außerdem beten wir gemeinsam das Morgengebet und halten mittags mit den gehfähigen Patienten eine Viertelstunde Gewissenserforschung. Am Abend beschließen wir den Tag mit einer Andacht oder einem gemeinsamen Abendgebet. Ich nehme an, dass du gerne den Rosenkranz betest...!"

Katharina kniet in einer der engen Bänke nieder, schaut sich flüchtig und irgendwie enttäuscht in der Kapelle um. Der Raum ist karg ausgestattet. Neben dem niedrigen Altar stehen nur ein paar halb verkümmerte Blattpflanzen. Die Kerzen sind schief abgeschnitten. Ein Lämpchen brennt vor einer Gipsfigur der Muttergottes. Nein, auch die Kapelle hat nichts Anheimelndes. Sie faltet die Hände ganz fest. „Hilf, Maria, es ist Zeit! Hilf, Mutter der Barmherzigkeit!"

Schon sind sie wieder unterwegs. Sie steigen eine steile Treppe empor, deren ausgetretene Holzstufen laut knarren. Der seltsame Geruch, den Katharina bereits an der Pforte wahrgenommen hat, wird intensiver. Es ist eine verwirrende, ekelerregende Mischung aus scharfen Reinigungs- und Desinfektionsmitteln, von Arzneien und menschlichen Ausdünstungen. Wie gerne würde das Mädchen eines der Flurfenster aufreißen, um frische Luft einzuatmen.

Die Oberin öffnet eine Tür. „Hier ist einer unserer Krankensäle." Der scheußliche Geruch wird überwältigend. Katharina muss schlucken. Sie schließt für einen Moment die Augen und atmet rasch und flach. „Hab' keine Angst", sagt die Schwester und schiebt sie voran in den Raum. Da liegen im hohen Saal mit der abgestandenen Luft kranke Menschen dicht nebeneinander auf Strohsäcken. Sie schlafen, stöhnen, jammern und husten. Manche tragen dicke Verbände. Andere haben blutunterlaufene Stellen in den ausgemergelten grauen oder gelben Gesichtern. „Wann gibt es endlich was zu fressen in diesem miesen Laden?" ruft ein bulliger Kerl grob und drohend. „Am liebsten würde ich die ganze Bude zusammenhauen." Entsetzt starrt Katharina ihn an. Wortlos geht die Schwester auf den Flur. „Das … das ist ja furchtbar", stammelt das Mädchen, blass im Gesicht. „Daran wirst du dich gewöhnen müssen. Sie meinen es nicht so, wenn sie in ihrer Hilflosigkeit fluchen. Es sind die Ärmsten der Armen. Eines Tages wirst du froh und dankbar sein, ihnen dienen zu dürfen. Ab jetzt gehört es zu deinen Aufgaben, den Frauensaal zu putzen. Es ist ein ständiger und fast vergeblicher Kampf gegen Schmutz und Ungeziefer." Das sind ja schöne Aussichten!

Weiter wandern sie treppauf und treppab. Ob sich Katharina jemals merken kann, wie die verwinkelten Flure verlaufen und wohin sie führen? Oben unter dem schrägen Dach stößt Soeur Marie-Hortense eine kleine Kammertür auf. Der enge Raum enthält zwei eiserne Bettstellen, eine Kommode mit zwei angeschlagenen Waschschüsseln und zwei Emailwasserkrügen. „Den Schrank müsst ihr euch teilen. Er steht nebenan auf dem Estrich. Räume nur deine Sachen ein. Heute hast du noch frei. Margrit wird dich zum Essen holen, denn allein findest du den Weg bestimmt nicht."

Als die Oberin das Zimmer verlassen hat, stürzt Katharina zum Fenster und reißt es mit einiger Mühe auf. Der Rahmen ist verquollen, die Scheiben fast blind. Sie starrt hinaus. Dächer, Dächer und unten eine schmale Straße… Kein See, kein Baum, keine Berge… Und hier soll sie bleiben? Nein, das kann sie nicht! Das Heimweh brennt wie eine offene Wunde. Sie will fort. Wie hässlich ist die kleine Kammer! Von der schrägen Decke blättert der Putz ab. Ein Kreuz und ein Papierbild Unserer Lieben Frau von Einsiedeln sind der einzige

Schmuck der gelben Wände. Enttäuscht setzt sie sich auf einen der Schemel. Katharina wehrt sich nicht gegen die Tränen, die ihr über das Gesicht laufen...

Sie weiß nicht, wie lange sie so gesessen hat, die Hände vor das Gesicht gelegt, als eine Hand ihre Schulter berührt. Sie zuckt zusammen und schaut auf. Margrit sagt freundlich: „So ist es mir am Anfang auch gegangen, Katharina. Ich wäre zu Fuß nach Hause gelaufen, wenn ich es gekonnt hätte... Hab' mit dir und mit uns ein wenig Geduld! Glaube mir, es wird besser, wenn du erst eine Weile hier bist. Übrigens: Darf ich Kathrin sagen?" Katharina schaut sie nur misstrauisch an. Sie wird hier nie, nie gerne sein!
Sie wäscht ihr Gesicht und folgt ihrer Zimmergefährtin nach unten in die Küche. Die beiden Mädchen essen dort am sauber geschrubbten Tisch. Im steinernen Spültrog häufen sich große und kleine Blech- und Emailschüsseln. Auf dem Herd kocht Wasser. „Das Geschirr kommt aus den Sälen", erklärt Margrit. „Hilfst du mir beim Abwaschen?" Es sind viele Töpfe und Schüsseln, die in heißem Sodawasser gewaschen und in klarem Wasser nachgespült werden müssen. Dazu kommen noch die großen Kochtöpfe.
„Du kannst anpacken!" meint Margrit anerkennend, als die letzte Schüssel abgetrocknet ist! Sie ordnet alles in die Regale und Schränke und berichtet ihrer jungen Gefährtin dabei allerlei von der Arbeit, die von ihnen beiden erledigt werden muss. Sie stellt ihr die einzelnen Schwestern vor, nennt ihre Namen und charakterisiert sie mit ein paar Worten. „Die Beste ist die Schwester Oberin, die Soeur Marie-Hortense. Zu ihr kann man mit allem kommen. Sie hat ein Herz für unsereinen."

Als der Redestrom endlich versiegt, wagt Katharina eine Frage, die sie brennend interessiert: „Haben... haben wir auch einmal Freizeit?" Margrit lacht gutmütig. „Na, na, das ist für dich wohl das Allerwichtigste, was? Jeden zweiten Sonntagnachmittag haben wir frei. Leider können wir nichts zusammen unternehmen, denn wir müssen uns dabei abwechseln. Eine muss immer hier sein, um den Schwestern bei den Kranken zur Hand zu gehen, wenn es notwendig ist." Bei den Kranken? Katharina denkt an den Saal und schaudert. „Ist es weit bis zum See?" Margrit staunt mit offenem Mund. „Zum See?" echot sie. „Was willst du denn am See? Er liegt fast vor der Haustür. In der Stadt ist es doch viel schöner! Dort gibt es richtige Läden mit Stoffen, Kleidern und Schmuck. Da kann ich stundenlang an den Schaufenstern vorbeigehen und mir ausmalen, ich könnte das alles kaufen!"

Als die beiden Mädchen am Abend auf ihren Strohmatratzen liegen, dauert es noch eine ganze Weile, bis Margrit keinen Erzählstoff mehr hat. „Du bist jung und gesund, Kathrin. Die Schwestern holen dich ganz bestimmt zur Krankenpflege, ob du willst oder nicht. Du wirst ihnen beim Waschen und Betten der Kranken helfen müssen, eine schwere und nicht gerade angenehme Arbeit. Gib nur acht, dass du keine Läuse und Flöhe abbekommst!" Katharina setzt sich jäh auf. Sie denkt an den großen Krankensaal mit den Elendsgestalten und dem schrecklichen Geruch. „Glaubst du das wirklich, Margrit? Nein, nein... das kann ich nicht." „Wirst es schon lernen", murmelt die Gefährtin, dreht sich auf die andere Seite und schläft ein. Katharina liegt noch lange wach und starrt in das Dunkel. Endlich siegt die Müdigkeit. Sie schläft ein, und ist im Traum daheim, am See.

Bereits in der ersten Morgendämmerung werden die Mädchen geweckt. Gähnend zündet Margrit eine Stearinkerze an. Sie wirft einen matten Schein in das alte Stübchen unter dem Dach. „Komm, Kathrin! Wir müssen uns beeilen. Morgengebet!" mahnt Margrit und klappert mit den Zähnen. Katharina überwindet sich. Sie wäscht sich gründlich, wie sie es bei Emmerenz gelernt hat, und rubbelt sich mit dem grobkörnigen Handtuch trocken. Dann zieht sie sich eilig an. Sie nimmt auch eine der großen Schürzen mit nach unten. Hinter Margrit tastet sie sich im Halbdunkel treppab. Sie ist immer noch müde und fühlt sich irgendwie zerschlagen.

Dem langen, monotonen Morgengebet in der kalten Kapelle kann sie keine rechte Aufmerksamkeit schenken. Die Augen fallen ihr fast zu. Sie ist hungrig und sehnt sich nach einem Bissen Brot und einem Becher warmer Milch. Damit hat in Meggen immer der Tag begonnen. Hier ist kein Denken daran. Zuerst müssen die Mädchen Feuer machen, das Wasser für den Kornkaffee aufsetzen und Brot schneiden. Das kann Katharina besonders gut. Schnitte um Schnitte fällt in die Schüssel. Die Küchenschwester zählt. „Für den Männersaal, für den Frauensaal..." Es sind wahre Brotberge. Die Finger schmerzen schon, als die Schwester sagt: „So, das reicht!" Mit Margrit bringt sie Kaffee, Brot und Mus zu den Krankensälen. Danach dürfen die Küchenhilfen selbst frühstücken mit Brot und Mus. Der heiße Kornkaffee tut gut, aber Katharina wundert sich: „Gibt es hier keine Milch?" „Die ist normalerweise zu teuer", antwortet Margrit mit vollem Mund. „Ab und zu bekommen wir sie, wenn sie uns geschenkt wird."

Nach dem kargen Frühstück bleibt keine Zeit zum Plaudern. Arbeit reiht sich pausenlos an Arbeit: Abwaschen, Kartoffeln schälen, Gemüse putzen, Kohlen aus dem muffigen Keller holen, in den großen Töpfen rühren, Essen in Schüsseln verteilen – nach der Viertelstunde Gewissenserforschung in der Kapelle.

Katharina lässt die Gebetsworte an sich vorbei rauschen. Sie ist müde und hungrig. Nach dem Mittagessen wartet der Geschirrberg. Ob es danach eine kleine Pause gibt, ein wenig Zeit zum Atemholen? Da kommt Soeur Marie-Hortense in die Küche. „Eh bien! Ihr seid mit dem Abwaschen fertig? Das ist gut. Unsere Frau Amrein ist krank geworden. Sie sollte heute die Säle putzen. Könnt ihr das übernehmen? Du, Margrit putzt den Männersaal et toi – und du, Katharina, den Frauensaal!" Ohne Widerrede schleppen die Mädchen Besen, Eimer, Schrubber und Putzlumpen treppauf. „Fegt den Mittelgang gut, und auch ein wenig zwischen den Betten. Putzt gut nass und dann trocken. Es ist ohnehin schon heute Abend wieder schmutzig."

Mit Widerwillen betritt Katharina den Frauensaal. Wieder nimmt sie den schrecklichen Geruch wahr. Sie würgt und bleibt in der Türe stehen. Mit schreckhaft geweiteten Augen sieht sie, dass rechts und links vom Mittelgang kranke Frauen liegen, dicht an dicht, auf Strohsäcken und unter dünnen Wolldecken. Es sind alte und junge Frauen, teils halbe Kinder. Sie hört stöhnen, beten, lachen und fluchen, eine unheimliche Mischung von Geräuschen, die noch übertönt wird von dem bellenden Husten einer Schwerkranken.

„Na, Kleine, hast du Angst vor uns? Komm nur! Wir beißen nicht", ruft eine schrille Frauenstimme und lacht. Mit einem Ruck betritt Katharina den Saal. Mit zusammengepressten Lippen fegt sie den Schmutz zusammen: eitrige und blutige Watte und Stoffreste, Brotrinden, Apfelschalen… schwarze Käfer krabbeln dazwischen. Angewidert schüttelt sie den Inhalt der Kehrschaufel in einen verbeulten Eimer. Dann schleppt sie das Putzwasser in den Saal. „Strengst dich an, Herzchen", höhnt die schrille Frauenstimme von vorhin. „Aber sauber wird's hier trotzdem nicht. Das kannst du gar nicht schaffen. Und eigentlich hätte ein schönes, junges Mädchen etwas Besseres zu tun, als unseren Dreck zu fegen." Erschrocken blickt Katharina auf und sieht in ein altes, abgemergeltes Gesicht unter strähnigem grauem Haar. In das Lachen der Alten stimmen andere Patientinnen ein.

Am liebsten würde Katharina fortlaufen, und das nicht nur aus dem Saal und dem Spital, sondern weit, weit fort, nach Meggen. Eilig und schweißgebadet vollendet sie die Putzerei. Wer wäscht wohl die Kranken? Wer bettet sie? Wer hält die Eimer sauber? Es ist ihr, als ob eine Welle von Schmutz, Elend und Gestank über ihr zusammenschlüge. Schwer atmend lehnt sie sich im Flur an die Wand.

4

GOTT RUFT

Unmutig verzieht Margrit die vollen Lippen, während sie ihr strähniges Haar zu einem Zopf flicht. „Kathrin, du bist kaum noch in der Küche. Ich kann alle Arbeit allein tun. Du steckst ewig in den Krankensälen. Gefällt es dir dort wirklich so gut?" Entschieden schüttelt die Befragte den Kopf. „Nein, ich gehe nach wie vor nicht gern da hin, aber Soeur Marie-Lorette ruft mich immer wieder. Dabei weiß sie ganz genau, dass es mir schwer wird, in der Pflege zu helfen. Ich habe es ihr ehrlich gesagt. Trotzdem verlangt sie von mir, die Kranken zu waschen und zu betten. Sie sieht, dass ich vor den eitrigen und brandigen Wunden zurückschrecke. Aber sie meint, ich hätte gute Hände, Pflegehände. Ist das nicht Unsinn? Es bekümmert mich, dass es hier im Spital an vielem Notwendigen fehlt – an Watte, an frischem Linnen, an Mull und Binden, an Salben und mancher Arznei. Eigentlich müssten alle Kranken, die sich nicht selbst helfen können, täglich gewaschen werden."
Margrit stöhnt auf. „Welche Wünsche hast du denn noch, liebes Kind? Täglich waschen – wenn ich das höre! Sag' mir bitte, wer das tun soll! Die Schwestern arbeiten ohnehin zuviel und über ihre Kraft hinaus. Mehr können sie für die Leute, die ins Bürgerspital eingeliefert werden, nicht tun. Dazu fehlt ganz einfach das Geld. Der Rat der Stadt Luzern bewilligt ihnen eben nur eine bestimmte Summe. Mancher Arzt behandelt die Ärmsten umsonst.

Die Oberin sagte mir einmal, dass die Leute, die hier eingeliefert werden, meist zu den Ärmsten gehören. Sie können keinen Rappen bezahlen...!"

Energisch unterbricht Katharina die Gefährtin. „Dann müssen die Reichen von Luzern es als ihre Christenpflicht ansehen, das Spital mehr zu unterstützen!" „Sag' ihnen das, und sie werden dich auslachen. Die Reichen halten fest, was sie haben. Ist das etwa bei euch daheim anders?" Nachdenklich schweigt Katharina einen Augenblick. „Ja, bei uns in Meggen ist das anders. Bei uns braucht niemand zu hungern und zu darben. Wir helfen einander. Wie oft habe ich mit der Emmerenz Sachen in die Hütten der Armen gebracht! Kleidung, Lebensmittel und vieles andere. Auch die Witwe eines Tagelöhners wird bei uns nicht vergessen."

„Kannst du kommen, Kathrin?" ruft jemand durch das Treppenhaus. „Bitte, komm rasch. Du musst mir im Frauensaal helfen!" „Schwester Marie-Lorette hat schon wieder Sehnsucht nach deinen Pflegehänden", spöttelt Margrit. „Hopp, hopp! Eile, und übe die Werke der Barmherzigkeit!" Der Ton verletzt die Gerufene. Nur mühsam unterdrückt sie eine gereizte Antwort. Sie atmet ein paar mal tief durch, bindet sich rasch eine weiße Schürze um und eilt treppab.

Soeur Marie-Lorette wartet auf sie. Ihr schmales Gesicht unter der Haube ist durchscheinend blass und übermüdet. „Frau Steiner hat eine schlimme Nacht hinter sich. Wir müssen sie neu betten." Katharina krampft kurz die Hände zusammen. Neu betten – das bedeutet schmutzige Betttücher, noch mehr Gestank. Mit dem Zeigefinger der Rechten zeichnet sie heimlich ein Kreuz-

zeichen in den Handteller der linken Hand. Sie spürt das Kreuz wie ein leises Brennen und wie eine Mahnung. Sie strafft ihre Schultern. „Für dich, Herr!"
Tapfer unterdrückt sie ihren natürlichen Ekel und hilft rasch und umsichtig, die verschmierten Betttücher und Bezüge abzuziehen. Sie hält die magere Kranke im Arm, während die Schwester das Lager neu bezieht. Sie ist über sich selbst erstaunt, als sie fragt: „Darf ich Frau Steiner waschen, Schwester? Sie soll doch sicher ein frisches Hemd bekommen." Freudig überrascht blickt die Schwester sie an. Sie nickt. „Gut, Kathrin! Hole warmes Wasser und ein sauberes Tuch!"

Behutsam lehnt das Mädchen den leichten Körper der alten Frau an das Lager der Nachbarin. „He, was soll das?" empört sich diese, eine jüngere Frau mit schwammigen Zügen. „Es dauert nur ein paar Augenblicke, Frau Röllin. Ich bin gleich wieder da!" beschwichtigt Katharina. Hastig läuft sie treppab in die Küche, füllt einen Eimer mit warmem Wasser vom Herd und nimmt einige saubere Tücher vom Haken. „Was soll das?" wundert sich die Küchenschwester. „Soeur Marie-Lorette braucht die Sachen", antwortet sie rasch und eilt wieder treppauf zum Frauensaal.
Vorsichtig nimmt sie die kranke Frau wieder in ihre Arme und löst ihr behutsam das fleckige Hemd vom wunden Rücken. Dann beginnt sie, langsam und ganz zart, die Frau zu waschen. Frau Steiner hat die Lider geschlossen und gibt sich willig den guten Händen hin. Mit dem warmen Wasser befreit Katharina den armen Körper von den Schmutzkrusten. Obwohl die offenen Stellen im Rücken der Frau schmerzen, tut die Reinigung gut. Frau Steiner entspannt sich.

Ihre junge Pflegerin erschrickt über die offene, verkrustete und eitrige Rückenwunde, die durch das lange Liegen entstanden ist. Hier hilft kein Waschen. „Haben wir Heilsalbe, Soeur Marie-Lorette?" „Leider ist sie ausgegangen, und der Verwalter hat sie nicht mehr auf die Liste der genehmigten Arzneien gesetzt", bedauert die Schwester. „Ich habe ein wenig Kamillenabsud. Tränke einen Lappen damit und lege ihn auf die wunde Stelle – und ein paar trockene Tücher darüber!"

Katharina folgt der Anordnung. Die Kranke stöhnt laut auf, als das feuchte Tuch ihren wunden Rücken berührt. Sorgsam legt das Mädchen trockene Tücher darüber. Dann streift sie der Kranken das frische Nachthemd über und bettet sie auf das Lager. Unaufgefordert schenkt sie einen Becher Pfefferminztee ein und hält ihn Frau Steiner an die blassen Lippen. Mit durstigen Schlucken trinkt die Kranke, während Katharina ihren Kopf leicht anhebt. Welch seltener Genuss ist im Bürgerspital ein Becher Tee, um den man nicht gefragt hat! „Gott wird es dir lohnen, gutes Kind!" flüstert Frau Steiner, als das Mädchen die stützenden Hände löst.

Draußen auf dem Flur fragt Katharina die Krankenschwester: „Wird der Kamillenabsud Frau Steiner wirklich helfen?" Soeur Marie-Lorette blickt ihre junge Gehilfin an. „Helfen? Meinst du etwa, dass die Wunde dadurch heilen kann? Nein, im besten Fall wird er die Schmerzen etwas lindern. Wir müssten die Heilsalbe auftragen können, eine kräftige Wund- und Heilsalbe. Die würde uns der Apotheker gerne zusammenstellen, aber unser Verwalter hat sie von der Liste gestrichen, die ich ihm eingereicht habe. Für solche Bagatellmedizin sei kein Geld da. Er bewilligt uns überhaupt viel zu wenig. Aber er hat das Sagen.

Der Stadtrat hat ihn für unser Spital eingesetzt. Manches Mal möchte ich verzweifeln darüber, dass wir so hilflos und so ohnmächtig sind. Nicht selten fehlt es am Nötigsten, was wir für unsere Patienten brauchen. Oft haben wir nur die Möglichkeit, ihnen gut zu sein und ihnen so den Weg in die Ewigkeit zu erleichtern…"

Bei diesen Worten bäumt sich der geradlinige Sinn von Katharina Scherer auf. Sie spürt das große Unrecht, das an den Ärmsten geschieht. „Und die reichen Kaufleute oder Beamten in Luzern lassen das so einfach zu? Ihnen fehlt es gewiss an gar nichts. Sie haben viel mehr, als sie brauchen! Und hier fehlt es an einem Topf Salbe, um das Leiden eines Menschen zu erleichtern! Kennen die Wohlhabenden das Evangelium nicht, in dem es heißt: ‚Was ihr einem meiner Geringsten getan habt, das habt ihr mir getan?' Wer helfen kann, der muss es doch tun!"

Die Schwester betrachtet nachdenklich das erhitzte und erregte Antlitz des jungen Mädchens. Dann sagt sie: „Es ist gut, dass du die heilige Verpflichtung zum Helfen verstanden hast, Katharina. Anfangs war dir der Dienst an den Kranken nur zuwider. Oh, ich habe bemerkt, wie du gegen Widerwillen und Ekel ankämpfen musstest."

„Ja, das war so, und ich bin selbst erstaunt, dass es mit einem Mal anders geworden ist", staunt Katharina. „Nun komme ich gerne zu den Kranken. Mit ihnen leide ich allerdings darunter, dass Gesundheit, oder besser gesagt Gesundung und Genesung, teilweise vom Geldbeutel abhängen!"

Am Nachmittag des gleichen Tages benötigt Soeur Marie-Lorette bereits wieder die Hilfe von Katharina Scherer. „Dieses Mal habe ich einen anderen Auftrag für dich! Peter hat gestern die Medikamentenliste in die Löwenapotheke gebracht. Würdest du bitte gleich die Sachen abholen? Peter ist heute nicht da. Nimm einen großen Korb mit. Du wirst einige Flaschen bekommen. Und leg dein Wolltuch um! Vom See her weht ein kalter Wind. Es wird Regen geben!"

Behende eilt Katharina treppauf in ihre Kammer. Margrit hockt auf ihrer Bettstelle, sieht mürrisch zu, wie sie rasch ihr Haar glättet. „Du gehst also in die Stadt. Was für eine Ehre, dass sie dich schickt! Sie hat dich bereits ins Herz geschlossen. Du hast dich rasch beliebt gemacht!" Erstaunt blickt Katharina die missmutige Gefährtin an. „Ich hätte mich beliebt gemacht? Unsinn, Margrit, daran habe ich nicht einmal im Traum gedacht!" Dabei nestelt sie unauffällig am Saum ihres Sonntagsgewandes, löst einen Faden, zieht einen Fünfliber hervor und birgt ihn in der hohlen Hand. „Mag sein", brummt Margrit. „Irgendwie bist du noch ein richtiges Kind."

Katharina läuft über die Straße und freut sich, dass der Seewind sie einmal richtig durchbläst. Tut das gut! Sie atmet tief die reine Luft ein und wirft ihrem geliebten See einen freundlichen Blick zu. Sie mag ihn, auch wenn er heute grau ist, mit kleinen Wellen und ersten Schaumkrönchen. Die Wolken hängen tief. Es wird bald regnen…
Mit einem Schwung öffnet sie die Türe zur Löwenapotheke. Der Wind treibt sie förmlich hinein. „Na, na", lacht der alte Apotheker. „Nicht so stürmisch, Jungfer!" Ein wenig atemlos stellt Katharina sich vor. „Ich komme im Auftrag von Soeur Marie-Lorette vom Bürgerspital."

„Gut, gut", erwidert der Alte. „Hab' schon alles vorbereitet!" Er weist auf die kleine Versammlung von Flaschen, Salbentöpfen, Dosen und Tüten. „Alles für euch."
„Und doch viel zu wenig", seufzt das Mädchen.
Mit seiner Hilfe bringt sie die Medikamente und Tees sorgfältig in ihrem Korb unter. Danach fragt sie den Apotheker: „Wie lange mögen Sie wohl studiert haben, um alle die Mischungen herstellen zu können?"
Belustigt antwortet er: „Oh, eine ganze Weile, Jungfer. Man muss beim Mischen und Abwiegen genau aufpassen. Ein einziges Versehen, ein Gramm zu viel könnte für einen Kranken den Tod bedeuten. Das hier ist meine beste Hilfe", er zeigt auf eine winzige Waage.
„Könnten Sie mir bitte noch ein Töpfchen Heil- und Wundsalbe verkaufen, für eine Patientin, die einen offenen Rücken hat?" Erstaunt hebt er den Kopf. „Ich kann das wohl, Jungfer, und ich habe eine treffliche Mischung aus Ringelblumen, Arnika und verschiedenen Ölen, aber die ist nicht gerade billig… und sie steht nicht auf der Liste, die der Verwalter genehmigt hat."
„Ja, das weiß ich", nickt Katharina. „Ich möchte sie kaufen!" Sie hält ihm das glänzende Geldstück hin.
„Reicht das für einen Topf dieser Heilsalbe?"
Unwillkürlich steht der Mann einen Augenblick mit offenem Mund da. „Du… oder Sie wollen sie kaufen?" Ungeduldig nickt das Mädchen. „Für eine Kranke mit offenem Rücken. Reicht das Geld?" Auffordernd hält sie ihm das Silberstück hin. „Das reicht sogar für zwei Töpfchen der Salbe!" „Gut! Dann nehme ich zwei Töpfchen!" Er bringt das Gewünschte und legt sie sorgsam in den Korb. „Und dazu gebe ich Ihnen auch noch ein Fläschchen mit Arnika-Extrakt. Tragen Sie die Wundsalbe ganz dünn, am besten mit den Fingerspitzen auf,

und das möglichst mehrmals am Tag. Decken Sie immer nur ein dünnes sauberes Tuch darüber."

Katharina dankt ihm freundlich und verlässt mit einem Gruß die Löwenapotheke. Der Wind hat aufgefrischt. Der Regen steht unmittelbar bevor. Sie muss sich beeilen und hastet davon. Sie merkt nicht, dass der alte Apotheker trotz des stürmischen Wetters seine Apotheke verlassen hat und ihr nachschaut, noch immer ein Staunen im Blick. Diese eigenartige Gehilfin vom Bürgerspital ist eine erstaunliche Persönlichkeit. Nie kam von dort bisher ein solch bemerkenswertes Mädchen. Aus dieser Jungfer wird noch etwas Besonderes werden. Am liebsten hätte er ihr die Heilsalbe geschenkt. Gibt doch ein einfaches Mädchen seinen Fünfliber her, wohl seinen kostbarsten Schatz, um Salbe für eine Kranke zu erstehen! Dicke Regentropfen treiben ihn ins Haus.

Im Bürgerspital huscht die atemlose Katharina rasch in die Dachkammer und legt die beiden Salbentöpfchen auf ihren Stuhl, ehe sie den Korb mit den Medikamenten zu Soeur Marie-Lorette bringt. „Hast du alles bekommen? Bien! Und wie kommst du an den Arnika-Extrakt?" Sie hebt das Fläschchen hoch. „Den hat mir der Apotheker geschenkt." „Geschenkt? Der verschenkt sonst nie etwas…" Die Schwester beginnt damit, die Medikamente in den Schrank zu legen. „Warte, Katharina! Komm näher! Ich will dir erklären, wofür wir die einzelnen Medikamente brauchen und wie wir sie anwenden müssen."

Das Mädchen hört aufmerksam zu. „Wenn Sie es gestatten, werde ich mir das alles einmal aufschreiben. Ich kann es so nicht behalten", bittet es bescheiden. „Gern, komme in deiner Freizeit zu mir, dann werde ich dir alles noch ausführlich erklären. Es ist sehr wichtig, dass du dein Wissen über die verschiedenen Krankheiten und über die Heilmittel erweiterst. Würde man unsere Geldmittel nur aufstocken! Es ist unsagbar schwer, wenn man helfen will, und es nicht kann, weil das Geld dafür fehlt."

Nun bricht wieder das manchmal heftige Temperament der Bauerntochter aus Meggen durch. „Dürfen wir es zulassen, dass die Hilfe für kranke Menschen am leidigen Geld scheitert?" Die Schwester seufzt. „Ach, Kind, Katharina, eigentlich dürfte es in einem Land, das sich christlich nennt, nicht so sein, dass in manchen Fällen Leben und Tod nur vom Geldbeutel abhängen. Es dürfte nicht sein, aber es ist tatsächlich so. Und Barmherzigkeit ist auch in der Schweiz eine allzu seltene Tugend."

Am Nachmittag des folgenden Tages kommt Soeur Marie-Lorette in den Krankensaal der Frauen. Da bemerkt sie ihre junge Gehilfin am Strohlager der Frau Steiner. „Was hast du hier gemacht, Katharina?" forscht sie. Frau Steiner selbst gibt die Antwort. „Die Gute hat mir den Rücken mit einer kühlen Salbe eingerieben, ganz leicht. Es hat fast gar nicht weh getan, und nun spüre ich schon, dass die Schmerzen nachlassen." Die Schwester presst die Lippen zusammen und schweigt. Erst als sie beide auf dem düsteren Flur stehen, nimmt sie dem Mädchen das Salbentöpfchen aus der Hand und fragt schroff: „Woher hast du das?" Offen bekennt Katharina: „Ich habe es von meinem Geld in der Löwenapotheke gekauft. Frau Steiner hat mir so leid getan."

Die freimütigen Worte verblüffen die Ordensfrau. Nun könnte sie so manches einwenden über diese selbstständige Handlungsweise, von Anmaßung und Einmischung reden, aber sie staunt und schweigt. Stumm reicht sie das Salbentöpfchen zurück, wendet sich zum Gehen und sagt über die Schulter: „Mach nur weiter…!"

Sie begibt sich zu ihrer Oberin, Soeur Marie-Hortense, und erzählt ihr von dem Vorfall. „Dieses junge Mädchen aus Meggen ist ein außergewöhnlicher Mensch, reif für ihr Alter, klug, energisch, zartfühlend und mütterlich. Ob wir später wieder von ihr hören werden, wenn sie das Bürgerspital verlässt? Sie lernt Tag für Tag dazu, und sie hat heilende Hände." Soeur Marie-Lorette bestätigt das Urteil ihrer Oberin. „Da haben Sie vollkommen Recht, Soeur Superieure! Bei unseren Kranken ist sie sehr beliebt. Sie freuen sich, wenn sie kommt. Sie ist geduldig und freundlich. Kein Dienst ist diesem jungen Ding zuviel, wenn sie nur helfen kann. Sie hat für jeden ein gutes Wort, und ihre Verbände können sich sehen lassen. Ob es nicht möglich wäre, dass sie in unsere Gemeinschaft eintritt?" „Abwarten, liebe Schwester, und keinesfalls überreden! Wir müssen Gott in dieser Seele wirken lassen."
Einige Male nutzt Katharina ihre spärlich bemessene Freizeit am Sonntag Nachmittag, um sich Schwester Marie-Lorettes Angaben über Krankheiten und Anwendungen aufzuschreiben. Soeur Marie-Hortense hat ihr ein Schulheft dafür geschenkt. Zum Verdruss von Margrit blättert sie es in ihrem Dachkämmerchen oft durch und versucht, sich die Angaben einzuprägen.
„Du wirst immer langweiliger", beschwert sich die Gefährtin. „Anfangs bist du fast in Ohnmacht gefallen, wenn du in den Krankensaal musstest, und nun bist du stets mit Leib und Seele dort." „Das ist aber sehr über-

trieben!" protestiert Katharina mild. „Ich habe noch immer Sehnsucht nach dem See, und dort werde ich am Sonntag endlich hingehen, nach sechs langen Wochen. Ich freue mich riesig darauf, ein paar Stunden am Ufer zu sitzen." „Was ist das denn schon? Auch so eine Dummheit von dir. Ich sehe mir die Stadt und die schönen Läden an und überlege mir, was ich zuerst für mich kaufen würde, wenn ich Geld hätte. Am vorigen Sonntag habe ich einen netten Mann kennen gelernt, einen Schneidergesellen. Er hat mich zu einer Tasse Kaffee eingeladen, und er will mich wieder sehen." „Wie schön für dich", meint Katharina neidlos.

Nun ist es endlich wieder einmal so weit. St. Petrus ist Katharina wohl gesonnen. Der Himmel ist blau bis auf ein paar leichte Federwölkchen. Die Sonne scheint warm. Die Büsche und Bäume leuchten in den bunten Farben des Herbstes. Die weite Wasserfläche ist von

**Luzern mit Kapellbrücke und Wasserturm.
Im Hintergrund die Hofkirche, in der Katharina gefirmt wurde.**

einem hellen, fast silbrigen Blau. Schwäne, Enten und Blässhühner schwimmen geschäftig umher. Durch die klare Luft schießen Mauersegler und Schwalben, und hoch oben kreist mit ausgebreiteten, weiten Schwingen ein Milan. Piepsende Spatzen hüpfen um die Bänke und suchen nach Brotkrümchen. Sie lassen sich durch das Mädchen nicht vertreiben, sondern sehen mit ihren schwarzen Perlaugen erwartungsvoll zu ihm auf. Hat die junge Frau auf der Bank vielleicht ein Scherflein für sie, die zähen Straßenjungen Gottes?

Katharina muss lachen. Ja, sie hat tatsächlich etwas Brot und Käse bei sich. Sie will ihre Freizeit nicht verkürzen, indem sie zum Abendessen in das Spital zurückgeht. Sie wird am See bleiben, bis die Sonne untergegangen ist. Nun bricht sie ein Bröcklein von ihrem Brot, zerreibt es und streut es den Spatzen hin, die schilpend die willkommene Spende verzehren. Das geht blitzgeschwind. „Mehr gibt es nicht!" wehrt sie ab und fegt ein letztes Krümelchen von ihrem Rock.

Sie ist wohltuend müde und entspannt und genießt die leichte Brise, die von den Bergen her aufkommt und das Wasser kräuselt. Es war wieder eine harte und arbeitsreiche Woche. Zu ihrer Müdigkeit gesellt sich eine beruhigende Zufriedenheit. Sie hatte getan, was in ihren Kräften stand. Die Gebetszeiten, vor allem die heilige Messe, sind ihr lieb und vertraut. Sie ist nun gern im Bürgerspital und denkt nicht mehr an eine verfrühte Heimkehr. Ihre letzte Münze ist in die Löwenapotheke gewandert, um weitere Heil- und Wundsalbe zu erstehen.

Nun hat sie auch begriffen, wie heroisch der Einsatz der französischen Ordensschwestern ist, wie selbstlos sie Tag und Nacht den armen und kranken Männern und Frauen dienen! Sie geben niemanden auf, auch nicht den ruppigsten und widerborstigsten Burschen und den zänkischsten Greis. Undank bringt sie nicht aus der Fassung. Sie machen ihre Arbeit zum Gebet, und sie schöpfen, wiederum aus dem Gebet, die Kraft zum Ertragen und zum Weitermachen bei schmerzlichen Misserfolgen und Enttäuschungen, und zum unablässigen Kampf gegen den Schmutz und die finanziellen Nöte.

Auf Katharinas Frage nach den Motiven des fast übermenschlichen Einsatzes hat Soeur Marie-Hortense die einfache Antwort gegeben: „Für Gott und die Menschen!" Ob es ihr, Katharina Scherer, jemals vergönnt sein würde, ein solches Leben zu führen wie die französischen Schwestern? Könnte sie ganz von sich absehen und nur mehr für das Wohl anderer Menschen leben? Würde das der Sinn ihres Lebens sein? „Könnte ich das überhaupt?" sinnt das Mädchen auf der Bank am Seeufer. „Oder würde ich doch lieber wieder für immer heim nach Meggen gehen? Gewiss, ich gehöre bereits dem Dritten Orden des heiligen Franziskus an, aber könnte ich ein wirkliches Ordensleben führen, auf die Berge verzichten und auf den geliebten See? Würde ich mich nach Luzern wieder in den Rhythmus des bäuerlichen Tagewerks einfügen, als ob nichts geschehen wäre?" All diese Fragen stellt sich Katharina. Vorerst sind es nur Fragen. Sie findet keine Antwort.

Ein alter Fischer mit gebeugtem Rücken bessert trotz der Sonntagsruhe am Ufer mit ruhigen Bewegungen sein Netz aus. Dabei zieht er ab und zu an seiner Pfeife und lässt kleine Tabakwölkchen in die Luft steigen. Seine hellen Augen im zerfurchten Gesicht wirken zufrieden. Er ruht gleichsam in sich. Er hat den für ihn bestimmten

Weg durch sein Leben gefunden und geht nun dem Ziel entgegen.

Saßen nicht so ähnlich vor langer Zeit drei andere Fischer am Ufer eines Sees und flickten ihre Netze, mit sich und der Welt im Einklang? Da kam einer vorüber, schaute sie an und sprach. „Kommt! Folgt mir nach."

In der Schar der Spatzen, die nach wie vor um die Bank herum hüpfen und die Hoffnung nicht aufgeben, dass das Mädchen ihnen ein weiteres Brotkrümlein zuwirft, erscheint mit einem Male ein stiller, kleinerer Vogel, mit einer auffallend roten Brust. Wie fragend blickt er zu Katharina auf. Sie lächelt. „Ein Rotkehlchen", sagt sie leise. „Wie schön ist dieser Vogel." Sie erinnert sich an eine Legende, die ihr die Emmerenz einmal erzählt hat, als sie noch klein war. Die gute Magd besaß ein wahres Schatzkästlein von Legenden, Sagen und Märchen und schenkte sie bereitwillig an das Kind weiter. Wie war diese Legende um den kleinen Vogel noch gewesen? Sie erinnert sich nicht mehr genau daran. Aber hatte es nicht etwas mit dem leidenden Herrn am Kreuz zu tun? Hatte nicht der beinahe winzige Vogel versucht, ihm mit seiner geringen Kraft zu helfen und dabei Bluttropfen auf sein graues Gefieder bekommen? „Seither trägt jeder dieser Vögel ein Bild des Blutes Christi, ein leuchtendes Rot auf seiner Brust!" Ja, so hatte die Emmerenz seinerzeit geschlossen. Das weiß sie noch genau.

„Beim tapferen, jedoch vergeblichen Versuch, dem Gekreuzigten zu helfen", murmelt sie vor sich hin. „Ist nicht mancher Dienst an den Kranken auch nur ein tapferer, vergeblicher Versuch, dem Herrn in seinen leidenden Brüdern und Schwestern zu helfen? Ob er dafür auch von seinem Herzblut schenkt?" Sie nickt dem Rotkehlchen zu. „Danke, kleiner Freund, du hast mir gute Gedanken gebracht." Der Vogel bleibt sitzen und sieht sie an, so als ob er die Worte des Mädchens verstanden hätte. Dem leidenden Herrn am Kreuze helfen... Ja, das ist die schwere und herrliche Aufgabe der Schwestern im Bürgerspital zu Luzern, helfen mit schwachen Kräften und unzureichenden Mitteln. Auf die Hingabe, die Gesinnung der Liebe kommt es dabei an.

Die Schwestern haben den Anruf Gottes vernommen, verließen alles und folgten ihm nach. Sie gingen mit ihm und für ihn in die Schweiz, die für sie ein fremdes Land ist, und zudem ein Land, in dem man Ordensleute nicht überall gerne sieht. Wie oft stehen offene und versteckte Angriffe gegen die Klöster in den Zeitungen. „Haben sie mich verfolgt, so werden sie auch euch verfolgen..."

Der Gedanke an das ernste Wort des Herrn lässt Katharina erschauern. Mit einem Male fröstelt sie und zieht die Schultern zusammen. Die geringe Bewegung genügt, um die Vogelschar zu vertreiben. Der alte Fischer hat seine Arbeit beendet. Er legt das Netz sorgfältig zusammen, klopft seine Pfeife aus und stopft sie neu. Müßig, und wie fragend, wandern die Blicke seiner hellen Augen zu dem Mädchen auf der Bank, das nun schon eine ganze Weile beinahe regungslos in seiner Nähe sitzt. Ob die junge Person Kummer hat? Ihr Gesicht unter den braunen Haaren wirkt so verschlossen, als müsse sie über etwas nachdenken und eine Entscheidung treffen.

Der Alte ist ein guter Beobachter. Katharina ist wieder tief in Gedanken versunken. Bisher hat sie mehr oder weniger dem Augenblick gelebt und nicht weiter darüber nachgedacht, wie ihr Leben verlaufen soll.

Nun drängt es sie, eine Entscheidung zu treffen, ohne dass sie genau weiß, wie diese aussehen wird. Geduld war nie ihre ausgeprägteste Tugend, aber nun ahnt sie, dass sie geduldig warten muss, bis ihr der Weg gewiesen wird, den sie gehen soll. Gott ruft sie, davon ist sie überzeugt. Sein Ruf wird deutlicher, klarer werden, bis sie erfährt, wohin sie gehen soll.

Das Tageslicht schwindet langsam. Noch liegt ein goldenes Leuchten auf dem Wasserspiegel, und die Gipfel der Berge baden sich in den letzten Sonnenstrahlen, während die Dörfer und Alpwiesen bereits im Dämmerlicht liegen. Es wird still auf dem See und um den See herum. Die Wasservögel ziehen sich in ihre Nester zwischen dem Röhricht zurück. Der alte Fischer erhebt sich mühsam und geht mit bedächtigen Schritten heim. Sicher hat seine Frau schon das Abendbrot bereit und hält nach ihm Ausschau. Wie wunderbar ist die Wärme der Familie, sei das Heim auch nur eine ärmliche Hütte!

Sehnsucht nach Wärme und Geborgenheit steigt in Katharina auf, ein Gefühl des Heimwehs nach Menschen wie dem Vater und der Magd Emmerenz... Wohin soll sie fortan gehen? Ihre Hände falten sich. „Herr, Jesus Christus, geh nicht an mir vorüber, und sag du mir ganz klar, was ich tun soll. In meinem Herzen gibt es ein Hin und Her. Einmal möchte ich so handeln, ein anderes Mal genau umgekehrt. Ich weiß nur, dass bald etwas geschehen wird. Gib mir die Klarheit der Entscheidung, Herr. Ich gebe mich in deine Hände!"

Im Juli bricht Katharina mit ihrer Gefährtin Margrit zu einer Wallfahrt auf. Zwei neue Hilfskräfte schalten und walten im Bürgerspital. Die Schwestern lassen ihre bewährten Gehilfinnen zwar nicht gerne ziehen, aber das religiöse Anliegen einer Wallfahrt zur Gottesmutter geht vor. „Unsere beiden Mädchen müssen ihren Weg finden und brauchen dazu die Hilfe Unserer Lieben Frau", hat Soeur Marie-Hortense ihren Schwestern gesagt. „Bei Margrit wird es um die Entscheidung für die Heirat gehen. Bei Katharina um die innere Bereitschaft für den Ordensberuf. Wie begeistert war sie, als sie im Waisenhaus zu Luzern den Einsatz der Schwestern von Portieux für die Buben und Mädchen kennen lernte! Ich ahne, dass sie sich für die Schwestern von der Göttlichen Vorsehung entscheiden wird." „Und warum nicht für uns und für die Krankenpflege? Sie ist dafür doch so geeignet!" hat Soeur Marie-Lorette beinahe entrüstet gerufen. „Lassen wir Gott wirken und Unsere Liebe Frau!"

Die beiden Pilgerinnen steigen mit leichten Proviantsäckchen, die ihre bescheidenen Vorräte bergen, zum Heiligtum „Maria Schnee" auf die Rigi.
„Ich bete darum, dass die Muttergottes mir hilft, einen guten Mann zu finden", gesteht Margrit, ehe sie das Gotteshaus betreten. Die beiden Mädchen bleiben in der letzten Bank. Vorn kniet ein Ordensmann im braunen Habit der Kapuziner. Er kniet regungslos und ist scheinbar tief ins Gebet versunken. Sein bärtiges Antlitz wendet sich ihnen nicht zu, obwohl die Bank, in der sie niederknien, laut knarrt. Katharina betrachtet ehrfürchtig den Gesammelten. „Herr, ich empfehle mich in sein Gebet!", denkt sie kindlich, ehe sie der Gottesmutter ihre eigenen Bitten vorträgt. Sie erinnert sich an die lebhafte Schar im Waisenhaus zu Luzern, an die frohen, vertrauenden Kinderaugen. „Ich will in Portieux anfragen, ob man mich dort haben will. Wie schön wäre es, diese Kinder zu betreuen und zu unterrichten!"

Auf dem Weg nach Maria Einsiedeln sind die Pilgerinnen recht schweigsam. Sie hängen ihren Gedanken nach, und sie sind müde von der langen Wanderung unter der heißen Sommersonne. Beide atmen erleichtert auf, als die Basilika und das Kloster vor ihnen liegen. Mil vielen anderen Pilgern überschreiten sie die Schwelle des herrlichen Gotteshauses. Weihrauch zieht in duftenden Wolken durch den Kirchenraum, unzählige Kerzen brennen auf dem Hauptaltar und auf den vielen Seitenaltären. Die Orgel braust und jubelt zum Lobe des Allerhöchsten, und die mächtigen, gleichmäßigen Choräle steigen zum Himmel empor.

Mit einem Male wird es ganz still. Staunend sehen sie, dass eine schier endlose Zahl von Priestermönchen und Brüdern in eine kleine Kapelle zieht. Dort erklingt dann achtstimmig ein herrlicher Gesang. Sie kennen ihn nicht und wissen nicht, dass es das Salve Regina ist, eine Antiphon zu Ehren der Gottesmutter. Später in der Pilgerherberge erfahren sie, dass dieses Lied seit Jahrhunderten gesungen wird und von einem lahmen Mönch auf der Insel Reichenau ersonnen wurde. „Sei gegrüßt, o Königin, Mutter der Barmherzigkeit…"

5

ENTSCHEIDENDE BEGEGNUNG

Nach der Rückkehr von der Wallfahrt schreibt Katharina an die Mère Superieure in Portieux einen offenen und ausführlichen Brief. Sie erzählt darin von ihrem Leben in Meggen und schildert ihr bäuerliches Tagewerk. Sie berichtet von den Anfängen im Bürgerspital, von ihrem Heimweh und ihrem Widerwillen gegen die Krankenpflege, von ihrer ‚Bekehrung‘ und ihrer Freude an der Arbeit.

„Bei aller Neigung zur Krankenpflege zieht es mich jedoch mehr zur Betreuung von Kindern und zum Erteilen von Unterricht. Schon in Meggen habe ich wiederholt den Wunsch verspürt, Lehrerin zu werden. Als ich hier in Luzern Ihre Schwestern im Waisenhaus besuchte und die große Schar der Kinder sah, wurde dieser Wunsch in mir wieder ganz stark. Allerdings wäre mir ein Herzensanliegen, meine Kraft in den Dienst meiner Heimat stellen zu dürfen…"

Nachdem der Brief abgegangen ist, widmet sich Katharina mit vollem Einsatz wieder ihrer Arbeit im Bürgerspital. Kein Weg ist ihr zuviel, und mit ihrem heiteren Gemüt bringt sie mancher Kranken ein wenig Sonnenschein. Sie ahnt nicht, dass die Generaloberin der Schwestern von Portieux sich über die Vorsteherin des Waisenhauses in Luzern nach ihr erkundigt. Soeur Marie-Hortense, die Oberin des Bürgerspitals, stellt ihr das beste Zeugnis aus. „Katharina Scherer ist bei unseren Schwestern und unseren Kranken sehr beliebt. Sie geht geradlinig ihren Weg, scheut vor keiner Arbeit zurück, ist gewissenhaft und umsichtig. Ihr Frohsinn strömt aus tieferen Quellen. Sie ist religiös und zeigt eine besondere Liebe zur Gottesmutter.

Das einzige ernste Hindernis dürfte ihre starke Bindung an die Heimat sein, aber ich bin überzeugt, dass sie auch dieses große Opfer bringen wird, wenn Gott sie ruft."

Eine Woche später kommt ein dicker Brief aus Frankreich an. Katharina nimmt ihn entgegen und geht zuerst damit in die Kapelle. „Herr, wie du willst!" Im Dachkämmerchen öffnet sie ihn. Die Mère Superieure gibt ihr die Zusage und heißt sie im Namen ihrer Schwestern in Portieux willkommen. „Allerdings muss ich eine Einschränkung machen, liebes Fräulein Katharina. Ich kann und will Ihnen nicht versprechen, dass Sie in der Schweiz eingesetzt werden. Gott ist überall, und wer Ihm wirklich dienen will, der findet Ihn an allen Orten! Wenn Sie die erforderlichen Fähigkeiten mitbringen, eine Lehrschwester zu werden, sollen sie die entsprechende Ausbildung erhalten. Anbei finden Sie unseren Prospekt und eine Liste der Sachen, die Sie mitbringen sollen. Bitte, bestätigen Sie diesen Brief und teilen uns den Tag Ihrer Ankunft mit, wenn Sie Ihre Dienstzeit im Bürgerspital und den Abschied von Meggen hinter sich haben."

Ja, der Abschied von Meggen muss sein. Außerdem braucht sie die Zustimmung der Mutter und des Vormundes. So nimmt der Toni sie an einem schönen Sommertag auf seinem klapperigen Karren mit nach Meggen. Toni, sein Pferd und sein Karren sind alt, die Wege ausgefahren und holperig, aber sonst ist alles anders. Land und See strahlen im Sonnenlicht. Tausend kleine Sonnensternchen flimmern auf dem Wasser. Blumen blühen am Wegrain, und die Vögel zwitschern und trillern! Katharina plaudert mit dem Fuhrmann und erzählt begeistert vom Bürgerspital.

„Man sollte meinen, du wärest im Himmel gewesen", lächelt der Alte und wedelt mit der Peitsche eine Bremse vom Pferderücken. „Und wie schwer hast du es dir gemacht, als ich dich hinbrachte. Puh, es kam mir so vor, als führen wir zur Beerdigung." „Ich war furchtbar dumm, Toni", stellt Katharina vergnügt fest. „Nun ist alles anders!" Toni grinst und lästert: „Ach, dann bist du jetzt wohl furchtbar schlau, nicht wahr?" Das Mädchen lacht. „Jedenfalls schlauer als damals … Da! Ich sehe schon unser Haus!" Am liebsten würde sie absteigen und vor dem gemächlichen Pferd herlaufen. Sie bezähmt ihre Ungeduld, denn sie würde anderenfalls den guten Alten kränken. Gelassen setzt der Gaul die Hufe voran. Er denkt nicht daran, sein Tempo zu beschleunigen.

Endlich, endlich bleibt der Karren vor dem vertrauten Haus stehen. „Nichts hat sich verändert", stellt sie im Stillen fest, als sie mit ihrem dürftigen Gepäck am braunen Lattenzaun steht. „Die Geranien blühen wie eh und je." Langsamen Schrittes geht sie auf das geliebte ‚Haus im Loch' zu. Bless, der alte Hofhund, trottet aus seiner Hütte und wedelt heftig mit seinem Schwanz. Dabei stößt er ein freudiges Jaulen aus. Sie krault und tätschelt ihn, bis er sich beruhigt. Und da tritt eine Frau in heimischer Tracht aus dem Haus und blinzelt in die Sonne, die Emmerenz, wie sie leibt und lebt. Sie ist nur wenig grauer geworden und hat mehr Falten im herben Gesicht. Ihre Augen sind scharf wie früher.

Sie macht nicht viele Worte. Sie drückt Katharina fest an sich. „Wie gut, dass du wieder da bist, Kind! Willkommen daheim!" Ihre Augen sind verdächtig feucht geworden. Nun müsste Katharina eigentlich sagen: „Ich bin nur gekommen, um für immer zu gehen." Sie sagt es nicht, denn sie will die Freude der Magd nicht zerstören. Emmerenz hält sie von sich weg und betrachtet sie prüfend. „Blass schaust du aus. Hast nichts Richtiges zu essen bekommen und zuviel gearbeitet! Ich werde dich wieder auffüttern." Rasch schiebt sie das Mädchen in die Küche und drängt es förmlich zur Eckbank am Tisch mit dem rot-weiß karierten Tischtuch. Katharina lässt die Blicke durch den gemütlichen Raum wandern. Es ist alles so, wie sie es in der Erinnerung mit sich getragen hat. Die getigerte Katze schläft auf dem Fensterbrett. Die Kupferkessel glänzen in der Sonne. Die großen Porzellanbecher sind säuberlich aufgereiht.

Emmerenz holt ein frisches, selbstgebackenes Brot aus der Speisekammer und macht ein Kreuzzeichen darauf, ehe sie es anschneidet. Wie vertraut ist Katharina diese schlichte Geste. Frisches Brot, kernige Butter, duftender Käse und süßes Heidelbeermus, und dazu frische, warme Milch: Keine Mahlzeit in Luzern hat Katharina so gut geschmeckt. Sie lehnt sich endlich mit einem wohligen Seufzer zurück. „Das war fein, Emmerenz. Danke!" Die Magd lächelt beglückt. „Es war besser als an einem Festtag in der Stadt!" stellt das Mädchen fest. Emmerenz nickt zufrieden. „Vergessen hast du uns in Luzern nicht. Der Toni hat uns öfter einen Brief von dir gebracht, den der Onkel vorgelesen hat. Bei mir hapert's mit dem Lesen, wie du weißt." „Eine schriftliche Antwort habe ich nie bekommen. Der Toni hat mir nur eure Grüße ausgerichtet und gesagt, dass es euch gut geht." Nachdrücklich nickt Emmerenz.

„Das stimmte ja auch. Was sollten wir andres sagen? Aber wir haben immer auf dich gewartet und gehofft, dass du wieder heimkommst."

Nachdenklich schaut Katharina aus dem Fenster und durch die Geranienblüten auf den schimmernden See. „Es war hart im Spital, aber ich möchte die Zeit trotzdem nicht missen, Emmerenz. Und nun muss ich dich enttäuschen. Ich will nicht hier bleiben. Eigentlich bin ich gekommen, um mit meinem Vormund zu sprechen und mit meiner Mutter. Ich brauche ihre Erlaubnis. Es geht um das ..." Sie hebt einen dicken Brief mit fremden Marken hoch. Misstrauisch beäugt die Magd das Kuvert. Was mag darin stehen? Sie verbeißt sich die neugierige Frage. Fest presst sie ihre schmalen Lippen zusammen und reibt ihre abgearbeiteten Hände im Schoß.

„Ob deine Mutter, die Witwe Huber, viel Interesse...?" Was will sie sagen? Sie spricht nicht weiter. Offenbar missbilligt sie die Episode der kurzen Ehe, die Katharinas Mutter mit einem siebzehn Jahre jüngeren Weber eingegangen war, der bald an einer zehrenden Krankheit gestorben ist. Hat sich die Mutter je viel um ihre Tochter gekümmert? Darf diese Frau deren Leben mitbestimmen? Ist sie, die Magd Emmerenz, dem Kind nicht viel mehr Mutter gewesen?

Rhythmisch durchbricht das Ticken der Kuckucksuhr das lastende Schweigen. „Ich will es ihr sagen", denkt Katharina, „denn sie hat ein Recht darauf. Sie wendet ihren Blick vom Fenster ab und sieht die alte Magd liebevoll an. „Du, liebe Emmerenz, sollst es als erster Mensch hier in Meggen wissen. Ich habe in Luzern, auf der Rigi und in Maria Einsiedeln bei Unserer Lieben Frau den richtigen Weg für mich gefunden. Ich möchte dem

Herrn und den Menschen als Ordensschwester dienen, den Menschen Schwester sein um Gottes willen. Am liebsten würde ich bei Kindern arbeiten, sie erziehen und unterrichten. Leider ist es bei uns in der Schweiz kaum möglich, in einen Orden einzutreten, weil viele Kantone kirchenfeindlich sind. Darum möchte ich in den Orden der Göttlichen Vorsehung eintreten. Das Mutterhaus ist in Portieux." Das Gesicht der Magd drückt aus, was sie über diesen Plan denkt. Sie ist entsetzt, dass Katharina ins Ausland gehen will, um in einen Orden einzutreten. Dann kommt sie nie mehr nach Meggen. „Warum willst du denn ganz fort?" stammelt Emmerenz und streckt ihr wie bittend die magere Hand entgegen, „Warum, Kind?" Sanft legt das Mädchen seine warme Hand in die flehend ausgestreckte. „Emmerenz, wenn Gott einen Menschen haben will, dann müssen alle anderen Stimmen in seinem Herzen schweigen. Gott allein hat das Recht dazu, ihn ganz für sich haben zu wollen."

Mit einiger Sorge sieht Katharina den entscheidenden Gesprächen mit dem Pfarrer und der Mutter entgegen. Welche Widerstände werden sich ihr da entgegenstellen? Bei Emmerenz war es ihr eigenes Gefühl, ihre Liebe zu der alten Magd, die ihr zu schaffen machte. Es ist ihr keineswegs gleichgültig, wenn sie miterlebt, wie die gute Seele bereits im voraus an Trennungsschmerz leidet. Wird man im Pfarrhaus und bei der Mutter nicht geltend machen, dass mit ihrem Weggang eine tüchtige Arbeitskraft verloren gehe? Sie ist auf alles gefasst, und sie ist um so erstaunter, als der Pfarrer und die Mutter bereitwillig ihre Erlaubnis zum Eintritt in Portieux geben, nachdem sie den Brief der Mère Superieure studiert haben. „Ordenslehrerin kannst du werden. Das ist eine große Chance für dich, die sich nicht ohne weiteres einem Bauernmädchen bietet", meint der Pfarrer erfreut und gibt ihr seinen Segen. Die Mutter will sich mit seltener Bereitwilligkeit um die bescheidene Aussteuer kümmern, die jede Ordenskandidatin mitbringen soll.

So ist alles wohlgeordnet, aber sie kann sich irgendwie nicht freuen. Die Heimat wird ihr zur Versuchung. Wie liebt sie das Land am See und die Berge! Abends hört sie in ihrer Kammer Musik und Gesang. Die Burschen weilen unten im Haus und halten ihre wöchentliche Probe. Sie singen fromme und weltliche, frohe Lieder. Gelächter brandet auf. Gerne möchte sie zu ihnen gehen und an der harmlosen Heiterkeit und Unbeschwertheit des Beisammenseins teilnehmen. Doch sie vergräbt den Kopf tief in ihrem Kissen und möchte nichts mehr hören, aber die Weisen aus der Wohnstube dringen trotzdem in ihre Ohren, lockend und werbend. Mit einem Male erscheint ihr das Leben im Kloster wie der Gang durch eine endlose Wüste. Wird sie dort nur Fremde und Heimatlosigkeit finden?

Der Schlaf stellt sich erst gegen Morgen ein. Sie ist verunsichert und weiß nicht mehr, ob ihr Weg, für den sie sich entschieden hat, wirklich der richtige ist. Sie quält sich tagelang ab, bis sie beschließt, sich ihrem Beichtvater, Pater Eduard, im Kloster Wesemlin anzuvertrauen. Seine Reaktion auf den freundlichen Brief aus Portieux ist so heftig, dass sie beinahe erschrickt. „Aber, Katharina, warum hast du mir damals auf der Rigi nichts davon erzählt? Als wir uns dort begegneten, hätte ich dich mit meinem Mitbruder, Pater Theodosius Florentini, der zu dieser Zeit auch gerade für ein paar Tage auf der Rigi war, bekannt machen können. Pater Theodosius ist ein außergewöhnlicher und begnadeter Mann, der die Zeichen unserer armen glaubenslosen Zeit zu deuten weiß. Er will trotz allen Widerstandes Ordensgemeinschaften für Erziehung, Unterricht und Krankenpflege gründen. Wie ich seine Hartnäckigkeit und Glaubenskraft kenne, wird er es schaffen, seine Pläne in die Tat umzusetzen. Er hat bereits einige Kandidatinnen in Aussicht. Ehe du dich endgültig entschließt, nach Portieux zu gehen, sprich mit ihm. Bist du damit einverstanden, dass ich ihm schreibe und dein Anliegen vortrage? Er weilt zur Zeit im Kloster Altdorf."

Katharina sieht ihn mit ihren großen, braunen Augen zögernd an. Sie weiß nicht recht, was sie tun soll. Ist es nicht eine Unehrlichkeit gegen das Kloster der Göttlichen Vorsehung in Portieux, wenn sie nach einem anderen Weg sucht? Schließlich hat sie von dort bereits eine Zusage. Man erwartet sie. Andererseits ist sie begeistert von der Möglichkeit, in der Heimat und für die Heimat in einer Kongregation zu wirken. Wie soll sie sich entscheiden?

„Ich will gerne mit Pater Theodosius sprechen, ein Gespräch verpflichtet ja zu nichts", meint sie schließlich. Pater Eduard lächelt. „Gewiss, ein Gespräch verpflichtet zu nichts, Katharina, aber wenn du mit meinem Mitbruder gesprochen hast, bist du bestimmt anderer Meinung."

Zunächst kehrt das Mädchen in das Bürgerspital zurück und verrichtet gewissenhaft die Arbeit im Pflegedienst und in der häuslichen Tätigkeit. Wie zuvor setzt Katharina sich ganz ein, aber sie ist stiller geworden, nachdenklicher, und sie betet viel. Die lebhafte Margrit ist mit der Veränderung gar nicht einverstanden. „Was hast du nur für einen Kummer?" „Gar keinen, Margrit. Ich warte nur." Mit dieser Antwort kann die Gefährtin erst recht nichts anfangen. Sie selbst hat ihren Weg gefunden. Sie wird den Schneidergesellen Josef heiraten.

Endlich trifft die Nachricht von Pater Eduard ein. „Pater Theodosius erwartet dich in Altdorf. Er möchte ausführlich mit dir sprechen." Bereitwillig gibt Soeur Marie-Hortense ihr Urlaub für die Fahrt nach Altdorf und steuert sogar etwas zum Fahrgeld bei. Sie möchte, dass das kluge und tapfere Mädchen zu einer klaren Entscheidung kommt. „Bitte, beten Sie für mich!" sagt Katharina beim Abschied zu ihr.

Das Kapuzinerkloster in Altdorf besitzt nur ein kleines, karg eingerichtetes Sprechzimmer. Der freundliche Bruder Pförtner reicht der jungen Besucherin einen Becher Milch. „Sie müssen etwas Geduld haben, Jungfer. Pater Theodosius hat noch ein Beichtkind da." So sitzt Katharina Scherer ganz gerade und aufrecht auf dem harten Holzstuhl. Sie hat die Hände verschränkt auf ihrer Trachtenschürze liegen. Ihr Herz pocht rasch. Hat sie Angst? Nein, sie ist nur voller Erwartung. Sie ahnt, dass sich ihr Schicksal in diesem kleinen Zimmer entscheiden wird. Portieux ist irgendwie in weite Fernen gerückt. „Und dabei habe ich die gesamte Klosteraussteuer zusammengestellt", denkt sie und schüttelt über sich selbst den Kopf. Als ob solche Dinge jetzt wichtig wären! Feste Schritte nähern sich. Katharina steht auf. Ein hochgewachsener Mann im braunen Habit tritt ein. Seine dunklen und zugleich leuchtenden Augen im schmalen,

Das Sprechzimmer im Kapuzinerkloster Altdorf. Hier entschied sich Katharina, in die ungesicherte Gemeinschaft einzutreten.

vom Bart umrahmten Antlitz betrachten forschend seine junge Besucherin in der Tracht der Heimat am Vier-waldstättersee. Trotz ihrer begreiflichen Schüchternheit und inneren Erregung sieht sie ihn mit offenem und freundlichem Blick an. „Herzlich willkommen im Kloster Altdorf, Katharina Scherer aus Meggen! Ich freue mich, dass Sie den Weg zu mir gefunden haben! Mein Freund und Mitbruder, Pater Eduard, hat mich über Ihr Anliegen informiert. Setzen wir uns …!"

Einen Augenblick herrscht Schweigen zwischen den beiden Menschen. Dann spricht Pater Theodosius lebhaft. Er beugt sich dabei ein wenig vor und unterstreicht seine Worte mit den beredten Gesten seiner großen Hände. „Wissen Sie auch, warum Sie mir so willkommen sind? Hat Pater Eduard es Ihnen verraten? Wir beide haben nämlich das gleiche Anliegen. Wir wollen unserer geliebten Schweizer Heimat Christus bringen! Sie haben um Aufnahme in Portieux nachgesucht. Sind Sie sicher, dass Sie diesen Umweg gehen müssen? Ich habe damit begonnen, eine Schwesterngemeinschaft in der Schweiz und für die Schweiz zu gründen, die den Menschen durch Werke christlicher Caritas eindrucksvoll vom guten Gott Zeugnis geben wird."

Zaghaft wendet Katharina ein. „Aber wird das in der Schweiz überhaupt möglich sein, Herr Pater? Man bekämpft in manchen Kantonen die Kirche auf vielerlei Weise und verbietet ordensähnliche Gründungen." Das Gesicht des Paters spiegelt seine lebhaften Empfindungen wieder. Er erhebt sich und beugt sich dann ein wenig zu ihr nieder. „Es gibt große Widerstände und hohe Hürden zu überwinden. Aber ist es unser Herr Jesus Christus nicht wert, dass wir alles für ihn einsetzen? Darf unserer Bereitschaft zur Hingabe etwas fehlen, wenn wir ihm dienen wollen? Ist unser Volk es nicht wert, dass wir gerade in dieser schwierigen Situation, in der Bedrohung durch Un- und Irrglauben alles für sie tun, um ihnen den Weg zum Herrn zu weisen? Dürfen wir da feige zurückschrecken, wenn man uns bedroht?" Sein flammender Blick trifft sie bis ins Innerste. Würde Portieux nicht nur ein bequemer Ausweg sein?

Pater Theodosius setzt sich wieder. „Entschuldigen Sie, wenn ich heftig geworden bin! Dieses Thema erregt mich stets aufs Neue. Es ist wahr, dass man in unserem Vaterland vieles tut, um die Kirche Christi zu unterdrü-

Pater Theodosius Florentini OFMCap.
(nach einem Gemälde)

cken. Man erlässt mancherlei Verbote, verbreitet Lügen-
märchen durch Flugblätter und Zeitungen, und das nicht
selten im Namen angeblich objektiver Wissenschaft.
Man ist eifrig bemüht, dem Volk die Seele zu rauben,
aber die Kirche lebt! Sie ist herausgefordert und muss
eine deutliche Antwort geben, sie muss in erster Linie die
Jugend vor dem zersetzenden Zeitgeist bewahren und
sie lehren, Gutes und Böses zu unterscheiden. Christliche
Erziehung und Bildung sind dafür wichtige Voraussetzungen. Nein, ich bin keineswegs bereit, dem Staat das
Monopol für das Schulwesen zu überlassen!
Mit Gottes Hilfe habe ich edel gesinnte junge Frauen
gefunden, die bereit sind, mit mir eine religiöse Gemeinschaft zu gründen, die vornehmlich im Unterrichtswesen
tätig sein wird. Es ist ein großes Risiko, in unserer Zeit
einen solchen Neuanfang zu wagen, sich mit Leib und
Seele darauf einzulassen, ohne Erfolgsgarantie. Wollen
Sie die Namen meiner Kandidatinnen wissen? Es sind
drei junge Frauen aus dem Aargau: Maria Anna Heimgartner, Anna Kramer und Walburga Mäder."
Er atmet tief und sieht sie unverwandt an. Er erwartet
ihre Antwort. Eine Gemeinschaft, eine religiöse Gemeinschaft für die Erziehung und Bildung der Jugend in der
Schweiz? Ist das wirklich wahr und nicht nur eine Utopie, ein Wunschbild, ein schöner Traum? Sie spürt das
große Wagnis dieses beabsichtigten Neubeginns, aber
sie spürt auch die ernste Entschlossenheit, die Christus-
liebe und die Kühnheit dieses Geistlichen. Sie ist davon
überzeugt, dass er die Tatkraft besitzt, um seinen Plan
zu verwirklichen.

Im Geiste nimmt sie Abschied vom stattlichen Mutterhaus der Schwestern von der Göttlichen Vorsehung

in Portieux wie von einem sicheren Hafen, in den ihr Lebensschiff einlaufen sollte. Sie wagt sich hinaus in die Unsicherheit der offenen See. Sie faltet die Hände, atmet einige Male tief durch und blickt Pater Theodosius mit ihren großen Augen strahlend an. „Wenn Sie es mit mir wagen wollen, Herr Pater Theodosius, möchte ich die nächste Kandidatin für Ihre neue Schwesterngemeinschaft sein."

6

Die Mutter der Armen

Ein neuer Kampf erwartet Katharina in Meggen. Weder der Pfarrer noch die Mutter wollen ihr Ja dazu geben, dass Katharina statt in die gesicherte Gemeinschaft von Portieux in eine höchst gewagte Neugründung des Pater Theodosius eintreten will.

„Was hat dieser Kapuziner denn vorzuweisen?" murrt der Pfarrer. „Kein eigenes Klostergebäude, keine finanzielle Sicherheit – lediglich ein paar Kandidatinnen, Bauernmädchen, die ihre Ausbildung für den Schuldienst in Ribeauvillé im Elsass bekommen müssen und eine kleine Dorfschule in Menzingen betreuen werden. Hat so etwas Zukunft? Meiner Meinung nach wird die Sache wie manche solcher Unternehmungen im Sand verlaufen. Dieser Pater Theodosius ist ein Phantast, wenn er meint, dem Zeitgeist durch eine solche Gründung trotzen zu können. Eines Tages stehen diese sogenannten Ordensfrauen mit leeren Händen da, verfemt und verlacht vom Volk. Nein, Katharina, du bist mir zu schade, einer solche Utopie nachzulaufen. Geh nach Portieux!"

Katharina sieht ihn ruhig an. Tapfer und entschlossen antwortet sie: „Nein, Hochwürden, ich kann nicht mehr nach Portieux gehen. Ich habe Pater Theodosius in die Hand versprochen, dass ich in seine neue Gemeinschaft eintreten werde..." Der Pfarrer macht eine geringschätzige Geste, als wolle er andeuten: „Was gilt ein solch spontanes Versprechen eines jungen Mädchens, das sich von der Begeisterung für den redegewandten Kapuziner hat mitreißen lassen. Zweifellos war dieser Pater Theodosius eine beeindruckende Persönlichkeit."

Ohne sich beirren zu lassen, fährt das Mädchen fort: „Aber ich habe mein Versprechen in der Kirche zu Altdorf auch dem Herrn Jesus Christus abgelegt. Ich kann und will es nicht zurücknehmen." Mit bitterbösem Gesicht unterbricht er sie: „Ob ein solches Versprechen gilt? Du hättest dich zuvor mit uns beraten sollen. Ich bin nach wie vor gegen deine fixe Idee. Deine Mutter denkt wie ich. Wenn wir dir unsere Zustimmung verweigern, kannst du als Minderjährige nichts machen!"

Bei der Mutter findet sie eine ähnliche Haltung. Ihre Ablehnung ist noch schärfer formuliert: „Seit wann bist du eine Schwärmerin, die dem Unsinn nachläuft, den dir jemand verzapft, den du im Grunde genommen gar nicht kennst?" Nur die Emmerenz hält zu ihr. „Du musst der Stimme deines Herzens folgen, Kind! Tu das, was du richtig findest. Außerdem habe ich bei alledem einen Gedanken, der mich froh macht: du bleibst in der Schweiz!"

Einige Zeit wogt der Kampf in Meggen hin und her. Katharina gibt nicht nach, und mit einem Mal geben der Pfarrer und die Mutter widerstrebend ihre Erlaubnis zu der – wie sie nach wie vor meinen – unsinnigen Tat, sich einer Neugründung ohne Zukunft anzuschließen. „Bestimmt wird man dich in Portieux nicht mehr aufnehmen, wenn du reumütig ankommst, nachdem der Versuch des Paters Theodosius gescheitert ist", gibt ihr der Pfarrer als Abschiedswort mit auf den Weg.

Nun lässt sich Katharina Scherer durch nichts mehr aufhalten. Sie schließt sich der kleinen Gemeinschaft an. Sie erwartet, außer dem geistlichen Leben auch eine gründliche Ausbildung für den Lehrberuf zu erhalten. Unter der Leitung der Mutter Maria Bernarda, ehedem Maria Anna Heimgartner, sind bereits drei junge Schwestern in der Pfarrschule zu Menzingen tätig. Katharina wird herzlich aufgenommen. „Packen Sie die Sachen gar nicht erst aus, Katharina! Sie werden Ihre Kandidatur unter der Leitung von Schwester Cornelia Mäder in Altdorf verbringen. Die Kandidatin Rosa Winiger begleitet Sie."

Sichtlich enttäuscht schaut Katharina in das schmale Antlitz ihrer Vorgesetzten. Sie hatte sich das anders vorgestellt. Es kommt ihr vor, als werde sie nach Altdorf in die Verbannung geschickt. Nach dem zäh errungenen Sieg in Meggen hat sie insgeheim erwartet, sogleich im Schuldienst eingesetzt zu werden und nebenher eine pädagogische Ausbildung zu erhalten. Hatte nicht Pater Theodosius von der drängenden Not der Jugend gesprochen?

Sie seufzt, und ihrem offenen Gesicht ist ihre Enttäuschung wohl anzusehen. Mutter Maria Bernarda lächelt wissend. „Sie müssen noch sehr viel lernen, Katharina, vor allem Geduld! Im Kloster kann man nicht mit dem Kopf durch die Wand!" Die Worte treffen Katharinas empfindsames Gemüt. Muss sie sich das wirklich von einer jungen Person sagen lassen, die kaum mehr Erfahrung hat als sie selbst? War das Bürgerspital in Luzern nicht eine vorzügliche Vorschule für die Strenge des Klosterlebens gewesen? Vielleicht verfügt sie über eine größere Kenntnis der Armut und der Härten des Lebens hinter Klostermauern als diese junge Schwester!

Sogleich schämt sie sich ihrer aufrührerischen und stolzen Gedanken. Sie geht – wenn auch mit inneren Vorbehalten – mit Schwester Cornelia und Rosa Winiger nach Altdorf. Pater Theodosius hat für sie im sogenannten ‚Müllerschen Haus' ein Zimmer und eine Küche gemietet. Er überwacht persönlich ihren Alltag. Er sieht, wie tapfer die beiden Kandidatinnen die Armut auf sich nehmen, und erlebt, wie begierig sie sich die Lehren über das Ordensleben und über ihre zukünftigen Aufgaben im Dienste an den Menschen zu Eigen machen.

Eines Tages fragt er Katharina, nachdem er ihren Einsatz und ihre Aufgeschlossenheit gelobt hat: „Und was bewegt Sie in Ihrem tiefsten Herzen, Katharina? Es will mir vorkommen, als würden Sie meinen, an zu kurzer Leine gehalten zu werden. Sie möchten zu gerne voranpreschen, nicht wahr?" Sie errötet flüchtig. Dann sieht sie ihn mit ihren braunen Augen ruhig an und antwortet freimütig: „Sie kennen mich gut, Herr Pater! Mein ganzes Sehnen drängt mich zum Schuldienst, für den ich eine qualifizierte Ausbildung brauche." Er schmunzelt. „Hm, Geduld ist wirklich nicht ihre stärkste Tugend! Grübeln Sie nicht darüber nach, was werden wird. Verlangen Sie nie nach einem bestimmten Amt und nach einer von Ihnen bevorzugten Tätigkeit. Gott hat Seine speziellen Pläne mit Ihnen. Geben Sie sich ihm vorbehaltlos hin. Dann – und nur dann – werden Sie eine gute Schwester."

Am 27. Oktober 1845 legt Katharina Scherer nach der Einkleidung in Altdorf und dem Noviziat in Menzingen als Schwester Maria Theresia die Profess im Kloster Wurmsbach in die Hände des Dekans von Haller ab. Nun wird sie noch mehr von sich fordern als bisher.

Sie weiß um ihre Stärke und um ihre Schwäche, und sie überlässt sich ganz dem Herrn, der allein Begonnenes vollenden kann. Einen Wunsch trägt sie allerdings nach wie vor in ihrem Herzen, und sie hat auch den Mut, ihn Mutter Maria Bernarda zu offenbaren. „Ich wäre sehr glücklich, wenn ich eine gründliche Ausbildung erhielte, die mich befähigen würde, regulären Schulunterricht zu erteilen, Mutter Maria Bernarda." Ein Lächeln spielt um die Lippen der Oberin. „Und wenn Gott nun andere Pläne mit Ihnen hat, Schwester Maria Theresia, wären Sie dann sehr unglücklich?" Die Schwester stutzt, denkt nach und sagt aufrichtig: „Ich würde mich in seinen Willen ergeben, aber die Sehnsucht bliebe ganz gewiss bestehen." „Dann haben Sie dem Herrn immer etwas zu schenken. Unsere Gefühle dürfen uns nur nicht so stark beherrschen, dass wir zu nörglerischen, unzufriedenen Menschen werden, die zum gottgewollten Alltag nicht ein volles Ja sprechen. Sie sind eine willensstarke Person, Schwester Maria Theresia, und Sie werden nicht zögern, Gott Ihr ganzes Herz zu schenken, wenn er Sie auf einen bestimmten Weg ruft."

Die junge Professe betet gerade im Garten des Klosters Wurmsbach den Rosenkranz, als Mutter Maria Bernarda sie rufen lässt. „Die Würfel sind gefallen! Sie machen sich mit Schwester Feliziana auf den Weg nach Galgenen. Schwester Feliziana wird dort unterrichten, und Sie können ihr als Hilfslehrerin beistehen." Eigentlich hätte sie sich freuen müssen, kommt sie doch auf diese Weise in den Schuldienst. Es widerstrebt ihrer geradlinigen Natur, dies zu tun, ohne eine Ausbildung erhalten zu haben, aber sie fügt sich schweigend.

Vierzig Schülerinnen warten auf Schwester Feliziana, eine strenge und im täglichen Umgang mit Schwester Maria Theresia wortkarge Natur. Trotz ihrer inneren Bedrückung bringt sich die junge Professschwester ganz ein. Ohne zu klagen, verrichtet sie die häusliche Arbeit in den weit von Schule und Kirche entfernten Räumen im „Fuchsrons", und sie springt mit einigem Herzklopfen in der Schule ein, wenn die Mitschwester ihrer Hilfe bedarf. Ein Lob kommt selten aus deren Mund. „Sie sind viel zu gütig, Schwester Maria Theresia! Sie werden mit der Zeit Lehrgeld zahlen müssen! Die Kinder nutzen Güte schamlos aus!" Schwester Maria Theresia bleibt ihrer Methode treu. Sie müht sich weiter um das Vertrauen der Kinder.

Sie bleibt Hilfslehrerin und darf sich nur nebenher in den Ferienwochen zusätzliches Wissen aneignen. Dennoch gewinnt sie an Sicherheit und merkt, dass sie den Unterrichtsstoff den Kindern verständlich machen kann, und dass die Aufmerksamkeit der Schülerinnen nicht erlahmt. Manchmal strapaziert ein kleiner Tunichtgut ihre Geduld und ihre Nervenkraft über Gebühr. Dann versucht sie, die Kinder durch Güte zu gewinnen – und das mit Erfolg. „Gott hat mit mir auch unendlich viel Geduld", sagt sie sich. „Wie müssen ihm meine vielen Fehler missfallen, aber er entzieht mir seine Güte und Liebe nicht!"

Auf Galgenen folgt Baar und auf Baar folgt Oberägeri. Der Schauplatz ihres Wirkens ändert sich immer dann, wenn sie an dem Ort ihres Wirkens so richtig Fuß gefasst hat. Schwester Maria Theresias Position ist die gleiche geblieben – Hilfslehrerin in der Schule, und eigenständige Kraft im kleinen Haushalt. Sie gibt mit vollem Herzen und mit immer bereiten Händen. Dabei lernt sie, mehr und mehr von sich abzusehen, eigenes Fühlen und Wünschen klaglos zurückzustellen.

Von Menzingen kommt die Nachricht, dass sie sich auf die staatliche Prüfung als Unterstufenlehrerin vorbereiten soll. Sie tut es mit Hilfe ihrer Lehrschwester und etlichen Büchern nach der Arbeit des Tages mit brennenden, schlafmüden Augen. In jeder freien Minute studiert sie, und kommt sich doch recht unvorbereitet vor, als sie in den Prüfungsraum tritt.

„Es kommt mir wie ein kleines Wunder vor, dass ich die Prüfung geschafft habe!" berichtet sie danach Mutter Maria Bernarda in Menzingen. Das Staunen spricht deutlich aus ihrer Miene und den glänzenden Augen. „Ich habe mich ganz der Gnade Gottes empfohlen, und es lief alles reibungslos. Die Prüfer fragten gerade das, worauf ich mich am besten vorbereitet hatte, und die Kinder waren bei der Lehrprobe eifriger und aufmerksamer denn je."

„Sie haben in Galgenen, in Baar und in Oberägeri zur Zufriedenheit der Schulbehörde gearbeitet, Schwester. Eltern und Kinder haben ihre Art geschätzt, und auch die Mitschwestern lobten ihren Einsatz." Das sind starke Worte aus dem Mund der Oberin. Bescheiden meint Schwester Maria Theresia: „Oh, ich habe nur das getan, was in meinen schwachen Kräften steht, Frau Mutter. Dabei war ich wegen meiner geringen pädagogischen Kenntnisse unsicher und habe manche schlaflose Nacht verbracht, obwohl alles gut lief. Pater Theodosius hat meine Not nicht ganz verstanden. Er sagte mir nur: ‚Im Gehorsam kann man alles, und die Liebe überwindet jedes natürliche Hindernis!' Aber es ist und bleibt Tatsache, dass mir die eigentliche Ausbildung fehlt. Darf ich hoffen, dass mir meine große Bitte nun gewährt wird?"

Mutter Maria Bernarda blickt an ihr vorbei aus dem offenen Fenster auf die Hügel von Menzingen. Sie schweigt lange. Der jungen Schwester wird zunehmend unbehaglich zumute. Eine bange Ahnung ergreift sie. Sie wurde nicht nach Menzingen gerufen, weil sie hier unterrichten oder ihre Ausbildung vervollständigen soll. Wie oft hat sie die Lücken schmerzlich empfunden, und ist sich als Hilfslehrerin beinahe wie eine Gauklerin vorgekommen. Sie sollte etwas darstellen, was sie noch nicht ist.

Unwillkürlich fällt ihr das Wort des Onkels ein, der gegen ihren Eintritt in die neue Kongregation des Kapuzinerpaters gewesen war: „Ich warne dich, Mädchen! Bei deiner gutwilligen und opferbereiten Art wird man dich im Kloster einfach verheizen, aufbrauchen, weil du so gesund, so klug und so kräftig bist. Das Neinsagen fällt dir ja jetzt schon schwer. Wie wird das erst im Kloster! Sie werden dich überall da einsetzen, wo ein Loch gestopft werden muss, ohne auf dein Wohlbefinden zu achten. Gehe nach Portieux. Dort ist dir wenigstens eine solide Ausbildung sicher."

Sie beißt sich auf die Lippen, faltet verstohlen die Hände und verscheucht die rebellischen Gedanken. Hat sie nicht Gott gelobt, ihm jederzeit zu folgen, wohin er sie auch führen will? Spricht er nicht zu ihr durch die Vorgesetzten? Warum schweigt die Oberin nur so lange? Fällt es ihr schwer, die rechten Worte zu finden?

Endlich löst Mutter Bernarda ihren Blick von dem Land jenseits des Fensters und sieht Schwester Maria

Theresia an. Die Worte fallen langsam und zögernd. „Schwester, Sie kennen den übergroßen Seeleneifer unseres Stifters Pater Theodosius, nicht wahr? In seinen Augen geschieht nie genug. Fortgesetzt hat er neue Pläne. Die Glaubensnot der Menschen in der Schweiz brennt ihm, wie man so sagt, auf den Nägeln. Darum will er stetig voran, ohne daran zu denken, dass unsere Gemeinschaft klein ist und Zeit braucht, um das religiöse Leben zu vertiefen."

Wieder hält Mutter Maria Bernarda inne. Die nächsten Worte fallen ihr sichtlich noch schwerer als das bisher Gesagte. Ihr Blick irrt ab von dem erwartungsvollen Gesicht der jungen Schwester und wandert zum Kreuz. „Pater Theodosius mutet Ihnen ein besonderes Opfer zu. Er wünscht nämlich, dass Sie als Armenmutter nach Näfels gehen. Er vertraut auf Ihre Entschlossenheit, Ihre Kraft und Ihren praktischen Sinn. Im dortigen Armenhaus sind erhebliche Missstände zu beklagen Sie sollen den Insassen ein menschenwürdiges, christliches Leben ermöglichen."

Schwester Maria Theresia ist jäh erblasst. Sie soll ein Armenhaus leiten? Wieder gibt es für sie keine pädagogische Weiterbildung, keine Schule! Sie presst ihre Hände so fest zusammen, dass die Knöchel weiß hervortreten. „Frau Mutter, mir… mir fehlt dazu jede Begabung und Erfahrung!" Mitleidig schaut die Oberin in das bleiche Gesicht. „Letztere sollen Sie an Ort und Stelle erwerben. Außerdem haben Sie eine gute Vorübung bei den armen Kranken in dem Bürgerspital in Luzern gemacht. Die Begabung traut Ihnen Pater Theodosius zu… ich übrigens auch. Sie werden dort ähnliche Pflichten wie eine Familienmutter haben, allerdings in einer sehr großen Familie…"

Mit geweiteten Augen starrt die Schwester sie an. „Und wer wird mich begleiten?" fragt sie zaghaft. Bedauernd hebt Mutter Maria Bernarda ihre Hände hoch. „Leider niemand. Die Gemeinde Näfels ist nicht bereit, für den Unterhalt einer zweiten Schwester zu zahlen. Sie müssen allein gehen, und zwar zunächst für zwölf Monate." „Allein? Für ein ganzes Jahr?" „Ja, und wegen der besonders widrigen Umstände und der lokalpolitischen Situation gehen Sie als Jungfer Scherer und tragen in Näfels kein Ordenskleid. Außer dem Pfarrer kennt niemand Ihre wahre Identität."

Die Schwester möchte aufbegehren. „Verlangt Pater Theodosius nicht zuviel? Muss ich wirklich ein solches Opfer bringen?" Sie hat es aufbrausend und temperamentvoll gesagt, aber die Oberin weist sie nicht zurecht. Sie fragt nur ruhig. „Ist es wirklich nur Pater Theodosius, der dieses Opfer von Ihnen verlangt? In wessen Dienst steht er? In wessen Dienst stehen wir? Überlegen Sie sich dies in aller Ruhe! Beten Sie um die rechte Entscheidung! Sagen Sie Ihr Ja dazu, so müssen Sie es von Herzen tun und in echter Bereitschaft. Sollten Sie sich nicht dazu durchringen können, werde ich mich selbst bei unserem Stifter dafür einsetzen, dass er seine Entscheidung ändert.

Warten Sie einen Augenblick, ehe Sie zur Kapelle gehen! Ich will Ihnen die Lage in Näfels so drastisch schildern, wie ich es vermag, damit Sie nicht leichtfertig Ja sagen. Die Gemeinde Näfels hat als Armenhaus den sogenannten Freulerpalast gekauft. Das hört sich großartig an, aber in Wirklichkeit ist das Gebäude verkommen, verschmutzt und völlig unzureichend für die fünfzig Insassen beiderlei Geschlechts. Es sind Kinder, Jugendliche, Männer, Frauen, Greise, Halbirre und Straftäter.

Die vorige Armenmutter, eine Frau Magdalena Landolt, hat getan, was sie konnte, aber es ist ihr nicht gelungen, die Jugendlichen in den Griff zu bekommen. Sie sind Tagediebe und Bettler, die sich herumtreiben und den ehrlichen Bürgern von Näfels lästig werden. Die Gemeinde wünscht unbedingt eine straffere Leitung des Heimes." Ungläubig schüttelt Schwester Maria Theresia ihren Kopf. „Aber wie soll ich das alles schaffen, ich allein? Die unterschiedlichen Menschen an Leib und Seele betreuen, das Haus sauber halten...? Ich muss mich durchsetzen, Autorität gewinnen, und bin doch selbst eine junge Person!" Mutter Maria Bernarda berührt sie ganz leicht an der Schulter. „Ich gebe Ihnen vollkommen Recht, liebe Schwester. Die Aufgabe in Näfels ist übergroß. Ich kann Sie darum nur bitten, dass Sie es mit Gottes Hilfe eine Zeit lang in Näfels versuchen. Sollten Sie dort gar nicht zurechtkommen, melden Sie sich sofort bei mir. Ich werde Pater Theodosius veranlassen, Sie von dieser Aufgabe zu entbinden."

Vor dem Freulerpalast, dem Armenhaus der Gemeinde Näfels, hocken mitleiderregende Elendsgestalten herum, Männer und Frauen in schmutziger, zerlumpter Kleidung und mit grauen Gesichtern unter verfilzten Haaren. Einige sind verkrüppelt. Andere lallen und starren blicklos vor sich hin. Verwahrloste Jugendliche raufen miteinander oder werfen sich unflätige Schimpfworte zu. Ein stoppelbärtiger Mann kratzt sich den Schorf von einer Beinwunde und wickelt einen schmutzigen Lappen darüber. Halbwüchsige Mädchen und Jungen stürmen grölend herbei. „Sie kommt! Sie kommt!" schreien sie. Mühsam stehen die Alten auf und schließen sich der Gruppe neugieriger Insassen des Armenhauses an, die sich zusammenrotten.

Mit dem Gemeindevorsteher kommt eine junge Frau in dunkler Luzernertracht auf den verkommenen Palast zu. Die Armenhäusler starren sie an. Der Gemeindevorsteher verzieht angesichts der erbärmlichen Schar angeekelt sein Gesicht. „Hier bringe ich euch die Jungfer Maria Theresia Scherer. Sie hat sich bereit erklärt, für euch zu sorgen. Verärgert sie mir nicht, wie ihr es mit Magdalene Landolt getan habt! Wenn die Jungfer Scherer es auch nicht bei euch aushalten kann, will die Gemeinde Näfels das Haus schließen lassen und euch auf verschiedene Armenhäuser in anderen Gemeinden verteilen. Das hat der Gemeinderat auf seiner letzten Sitzung beschlossen. Ihr Mädchen und Jungen, lasst vom Gassenbettel ab. Ich will fortan nichts Schlimmes über euch hören, verstanden!"

Während der scharfen Ansprache des Gemeindevorstehers mustern helle und dunkle, trübe und klare Augen ungeniert die junge Person mit dem bescheidenen Reisegepäck. „Ha, ha!", lacht der alte Andreas und entblößt dabei seinen zahnlosen Kiefer, als der Gemeindegewaltige sich entfernt hat. „Das soll eine Armenmutter sein, so ein junges Ding! Braucht doch selbst noch eine Mutter…!" Wiehernd stimmen die anderen in sein Gelächter ein. Über das Antlitz der Verspotteten huscht eine flüchtige Röte. Sie nimmt ihre Tasche fester in die Hand. Dann richtet sie sich gerade auf. Zunächst sagt sie nichts, aber sie lässt den forschenden Blick ihrer klaren Augen auf der Schar der Armenhäusler ruhen. Jeden Einzelnen sieht sie an. Das hämische Lachen verstummt, und die dreisten Augen senken sich. Einige Männer kratzen verlegen an ihren Bärten. Die Frauen nesteln an ihren schmuddeligen Schürzen oder an den verknautschten Kopftüchern.

„Ich glaube nicht, dass ihr mit eurem Elend zufrieden seid. Ich bin zu euch gekommen, um euch zu helfen. Ich habe den festen Vorsatz, euch ein wirkliches Heim zu schaffen. Das kann ich natürlich nicht allein. Ihr müsst mir helfen und mich in jeder Weise unterstützen. Nur wenn wir zusammenhalten und zusammenarbeiten, können wir es schaffen." Die Stimme der neuen Armenmutter ist deutlich und fest. Sie verrät nichts von der Angst und Sorge im Herzen der jungen Frau. „Hat die etwa arbeiten gesagt?" ruft eine grobe jugendliche Stimme aus sicherem Hintergrund. „Was die sich denkt! Wir arbeiten doch nicht. Haben wir nie getan." Gespannt lauern alle darauf, was die Frau antworten wird.

Sie nimmt einfach keine Notiz von dem herausfordernden Zwischenruf. Sie wendet sich an eine rüstige und einigermaßen reinliche, alte Frau. „Darf ich deinen Namen wissen? Anna Rick? Gut, würdest du mir bitte das Haus zeigen, Anna?" Die alte Frau ist bereit und nickt der neuen Armenmutter freundlich zu. „Achtung, Ihre Hoheit besichtigen unseren Palast", höhnt wieder die jugendliche Stimme aus dem Hintergrund. Dieses Mal schaut die Jungfer Scherer scharf in die Richtung, aus der die Stimme gekommen ist. „Welcher Feigling riskiert da aus sicherer Entfernung so große Worte? Komm her Bursche!" sagt Schwester Maria Theresia scharf. Nun gilt das Gelächter nicht mehr ihr. Eine Passage bildet sich. Die Armenhäusler weichen zurück, und sie erblickt den halbwüchsigen Rufer. „Ach, da ist er ja, der Held", lacht sie. „Hoffen wir, dass du mit den Händen so tüchtig sein wirst wie mit dem Mund!" Gespannt sehen die andern ihn an. Der wird es ihr doch sicher ordentlich geben! Aber nein – der freche Bursche wird rot bis hinter die ungewaschenen Ohren und schweigt. Das ist der erste Sieg der neuen Armenmutter.

Hinkend, schlurfend und trampelnd folgen alle, die einigermaßen sicher auf den Beinen sind, Maria Theresia in den „Palast". Drinnen schlägt ihnen ein Geruch entgegen, ein widerlicher Gestank. Der Geruch im Bürgerspital zu Luzern war dagegen ein liebliches Mailüftchen. Die Jungfer Scherer atmet einige Male tief durch, ehe sie das verwahrloste Haus betritt. Bereits der Anblick der Insassen auf dem Hof vor dem „Palast" hat ihr klar gemacht, welch harte Aufgabe auf sie wartet.

Der Anblick der Küche bestätigt nur den ersten Eindruck. In der niedrigen, verrußten Küche stapelt sich das gebrauchte Geschirr im angeschlagenen steinernen Spültrog. Auf dem schmutzigen Tisch liegen Essensreste, Eierschalen und Bestecke aus Blech wild durcheinander. Eine Katze flieht fauchend aus der Ecke mit der eisernen, rostigen Wasserpumpe. Ob das etwa die einzige Wasserstelle im „Palast" ist? An einem Haken über dem Herd hängen ein paar fettige Lappen. Das Feuer in dem großen Herd brennt, und einige Holzstücke liegen unordentlich aufgestapelt daneben. Die ganze Küche ist trostlos und gibt Zeugnis von dem Zustand des Armenhauses. Wie wird es erst in den Stuben der Insassen aussehen?

Die Jungfer Scherer hat jetzt keine Zeit, sich darum zu kümmern. Sie legt ihre Sachen auf einen leidlich sauberen Schemel und krempelt die Ärmel hoch. Ihr bestimmter Blick trifft Anna und ein paar andere Frauen, die ihr neugierig gefolgt sind. „Wollt ihr heute Abend etwas zu essen haben? Gut! Dann müssen wir hier zuerst Ordnung schaffen. Helft ihr mir dabei?" Sie räumt das schmutzige Geschirr aus dem Trog auf den Küchentisch und stapelt es ordentlich auf. „Habt ihr Soda, saubere Lappen und Trockentücher?" Die alte

Frau Rick ist ihre beste Hilfe. Sie findet das Verlangte und bestimmt die Frauen, die beim Abwaschen helfen. Schwester Maria Theresia spült selbst die kleinen Schüsseln und Töpfe in heißem Sodawasser, nachdem eine der Frauen zuvor die schlimmsten Essensreste herausgekratzt hat. Eine andere Frau spült das gereinigte Geschirr in klarem Wasser nach. Es ist eine langwierige und mühsame Arbeit.

Der Tisch wird gereinigt. „Wir haben keine Zeit mehr, auch noch den Boden zu putzen, wenn wir für alle ein Abendessen kochen wollen. Was haben wir vorrätig?" Die sogenannte Speisekammer ist kärglich bestückt: Kartoffeln, Lauch, Kohl, ein Stück Speck und Brot. „Wir kochen eine Kartoffelsuppe!" beschließt die Armenmutter.

Bald schon zieht ein Duft von angebratenem Speck durch das Haus. Mit Lauch, etwas Kohl und Kartoffeln brodelt eine gute Suppe auf dem Herd. Der Duft scheint die Insassen des Armenhauses magisch anzuziehen. Ein mehr oder weniger struppiger Kopf nach dem anderen erscheint im Türrahmen und atmet gierig den seltenen Duft der garenden Suppe ein. „Ihr werdet gerufen, wenn es so weit ist!" sagt die neue Armenmutter energisch, macht ein Kreuzzeichen über das frische Brot und schneidet es an. Anna Rick schichtet die Scheiben auf einen Teller. „Das Brot ist eine Gabe der Nachbarbäuerin. Obwohl unsere Jungen und Mädchen ihr manchen Streich gespielt haben, hat die gute Frau immer noch ein Herz für uns", erzählt die alte Frau.

„So – jetzt ist es genug, Anna, und die Suppe ist auch gar", atmet Schwester Maria Theresia auf. „Wo habt ihr sonst gegessen?" Verlegen murmelt eine der Frauen: „Wir haben dafür einen besonderen Raum, aber... aber er ist auch nicht sauber. Wir müssten ihn zuerst..."

Doch unterbricht die Jungfer Scherer sie: „Dazu reicht heute die Zeit nicht. Sagt den Leuten, sie sollen der Reihe nach in die Küche kommen. Jeder erhält einen Teller Suppe, einen sauberen Löffel und ein Stück Brot. Sie können essen, wo sie wollen. Wenn alle ihren Anteil bekommen haben, können die Hungrigsten etwas Suppe nachhaben – aber kein Brot. Das muss nämlich für morgen früh reichen."

Es dauert eine ganze Weile, bis die Fünfzig versorgt sind, und bald sind die ersten wieder da und bitten um eine zweite Portion. „Die Suppe schmeckt!", lobt der zahnlose Alte und leckt sich die Lippen. „Die Teller und die Löffel in die Küche bringen!", ordnet Anna Rick wichtig an. Sie hat sich selbst zur „Adjutantin" der Armenmutter ernannt. Hastig verzehrt Schwester Maria Theresia ein paar Löffel voll von der Kartoffelsuppe, ehe sie das Geschirr wieder stapelt und der Kreislauf des Abwaschens von neuem beginnt. Ihre Sachen liegen noch immer unbeachtet auf dem Schemel.

Als die Küche wieder gesäubert ist – der Fußboden ist wenigstens gekehrt worden – und das Feuer für die Nacht so abgedeckt ist, dass am Morgen noch Glut vorhanden sein wird, geht sie für einen Augenblick nach draußen in die Halbdämmerung des ersten Tages in Näfels. Sie ist rechtschaffen müde, Schultern und Arme schmerzen, und beim Brotschneiden mit dem schartigen Messer hat sie sich tatsächlich eine große Blase in der rechten Hand zugezogen. Sie streicht das Haar aus der schweißnassen Stirn. Sie muss sich erst wieder daran gewöhnen, ohne Haube und Schleier zu gehen. Am liebsten möchte sie jetzt schlafen und die drängenden Probleme ein paar Stunden vergessen… An einen Baum gelehnt, schließt sie die Augen.

„Guten Abend", sagt da plötzlich eine warme Frauenstimme neben ihr. „Sie sind doch die neue Armenmutter, Jungfer Scherer?" Erschrocken öffnet sie die Augen und sieht drei Frauen vor sich, die umfangreiche Körbe in den Händen tragen. „Ich bin Johanna Weiss, die Bäuerin vom Nachbarhof, und das sind meine beiden Töchter, Maria und Barbara. Wir möchten Ihnen zu ihrem Einstand etwas vom Hof bringen, und wir hoffen auf gute Nachbarschaft." Mit dankbarem Staunen nimmt Schwester Maria Theresia die reichen Gaben entgegen: Brot, Butter, Käse, Wurst, Speck, Eier, Gemüse, Mehl..." „Und dieser vierte Korb enthält Seife, saubere Tücher, Soda und Schmierseife, und andere Wasch- und Reinigungsmittel. Ich nehme an, dass Sie alles gut gebrauchen können, Jungfer Scherer!" stellt Frau Weiss freundlich fest. „Wie kann ich das Ihnen gutmachen, Frau Weiss?" fragt die Armenmutter froh und herzlich. „Indem Sie aus diesem Armenhaus ein wirkliches Heim machen. Das ist eine schwere Aufgabe. Merken Sie sich, dass Sie immer zum Weiss-Hof kommen können, wenn Not am Mann ist!" Sie winkt ihren Töchtern. „Kommt, wir gehen heim. Der Vater wartet. Die Körbe holen wir morgen ab."

Die reichen Gaben werden in der kleinen Speisekammer untergebracht, vorerst mit den Körben. Zur Vorsicht dreht Schwester Maria Theresia den Schlüssel um und steckt ihn in ihre Tasche. Sie traut einigen der Insassen, die dem Vorgang mit großen Augen gefolgt sind, ohne weiteres zu, dass sie in der Nacht Hunger bekommen könnten...
„Nun wird es aber Zeit, dass wir Schluss machen. Wir müssen morgen früh heraus. Zeigst du mir meine Kam-

mer?" Verlegen senkt Anna Rick den Kopf. „Darin ist nichts gerichtet... Auf dem Strohsack sind keine Betttücher." „Das hätte ich mir denken können", meint die Jungfer Scherer sachlich und greift nach ihren Sachen. In der muffigen Kammer öffnet sie weit das Fenster, tastet nach dem Wandkreuz und legt sich dann angekleidet auf den harten Strohsack, das Bündel unter dem Kopf. Sie ist so schrecklich müde, und nach einem kurzen Stoßgebet sinkt sie in einen traumlosen Schlaf, ein dankbares Lächeln auf den Lippen.

Als die Insassen des Armenhauses im Laufe des Morgens langsam munter werden und nach unten schlurfen, um in der Küche ihr Frühmahl entgegenzunehmen, werden sie in den Essraum gewiesen. Er ist bereits gefegt und geputzt. Auf den sauberen Tischplatten stehen die Teller bereit, um die kräftige Milchsuppe aufzunehmen, in die Brot gebrockt ist. Wie das duftet! Auf jedem Tisch befindet sich außerdem eine Schüssel mit Brot und ein Holzbrett mit Käsestücken.

Die ersten Leute wollen gierig zugreifen. „Halt! Wir warten auf die andern und beginnen gemeinsam mit einem Gebet", ordnet die Armenmutter an. „Haben wir früher nicht gebraucht", murrt einer der Männer. „Neumodischer Kram." Die Jungfer Scherer lässt sich nicht beirren. Mit fester Stimme spricht sie ein Gebet zum Geber alles Guten. An jedem Tisch teilt eine Frau die Suppe aus. Bald schlürft und schmatzt die wüste Schar zufrieden. Nein, die Männer, Frauen und Kinder sehen nicht sauberer aus als gestern, mit Ausnahme von Frau Rick und einiger ihrer Freundinnen. Ob sich sonst jemand gewaschen hat? Jedenfalls hat niemand Wasser geholt.

Das letzte Krümlein Brot und das letzte Stückchen Käse sind vertilgt. Gesättigt und zufrieden wollen die Armen aufstehen. „Niemand geht fort! Nach dem Dankgebet wollen wir miteinander überlegen, wie es in unserem Haus besser werden kann. So wie bisher geht es auf keinen Fall weiter." Man murrt verstohlen, steht halb auf und setzt sich unter dem scharfen Blick der braunen Augen zögernd wieder hin. „Die hat ihre Augen überall", raunt ein Mann, der gehofft hatte, sich unauffällig verdrücken zu können. „Was die wohl alles für fixe Ideen hat!"

Ohne sich durch halblautes Reklamieren und ärgerliche Zwischenrufe verwirren zu lassen, verkündet Schwester Maria Theresia ihr Programm: „An erster Stelle steht die Sauberkeit des Hauses und seiner Bewohner. Wir müssen den Ruf loswerden, der mit Recht diesem Armenhaus in Näfels anhaftet, dass hier Unsauberkeit und Verwahrlosung herrschen. Jeder Insasse ist verpflichtet, sich täglich zu waschen und seine Kleidung sauber zu halten. Dazu gehört natürlich auch das Waschen der Haare, das Kämmen und Schneiden…!"

Ein hämischer Zwischenruf unterbricht sie: „Wohl auch noch das Putzen der Schuhe?" Sie nickt zustimmend. „Ganz richtig – aber nicht weniger wichtig sind saubere Fingernägel! Jeder hat seine Stube zu fegen und zu putzen und sein Bett ordentlich zu machen. Ich werde mir jeden Raum einzeln ansehen. Wer sein Stübchen sauber hält, dem kann ich eine besondere Freude machen. Wer die Mitarbeit verweigert, wird es zu spüren bekommen. Gebrauchte Wäsche ist abzuliefern. Einige Frauen und ich werden sie regelmäßig waschen und flicken.

Aber auch für die Männer und Jugendlichen ist mancherlei Arbeit zu tun: den Hof in Ordnung zu bringen, den Holzschuppen aufzuräumen und den Garten zu betreuen. Es ist schön, wenn uns die Nachbarn, wie gestern Abend Familie Weiss und wie heute in aller Frühe die Haushälterin des Herrn Pfarrer, Lebensmittel bringen, aber es muss unser Ehrgeiz sein, uns mit manchem selbst zu versorgen." Wieder macht sich ein Zwischenrufer wichtig: „Am Ende schaffen wir uns eine Kuh und eine Ziege an, ha, ha!" Ein Lächeln huscht über das Gesicht der Armenmutter. „Danke! Das ist gar keine schlechte Idee. Dann haben wir wenigstens immer frische Milch."

Langsam und von manchen Rückschlägen unterbrochen, aber dennoch stetig, nimmt das Armenhaus zu Näfels ein anderes Gesicht an. Stuben, Gänge und Stiegen sind sauber. Der widerliche Geruch lässt nach, zumal frischer Wind durch die geöffneten Fenster strömen kann. Die Insassen des Hauses verlieren nach und nach ihr wüstes Aussehen. Die schlimmsten Kleidungsstücke werden verbrannt, die anderen gewaschen und geflickt. Ständig weht bei gutem Wetter Wäsche an den langen Leinen auf der Wiese.
Die Gemeinde Näfels spendet auf Bitten der Armenmutter zwei Ziegen, zwei Schafe und einen Hund unbestimmter Rasse für das Armenhaus. Der Ruf seiner Bewohner hat sich wesentlich verbessert, seit sie sauber und einigermaßen anständig gekleidet daherkommen. Die brave Frau Weiss stellt sogar zwei Mädchen und zwei Buben aus dem Armenhaus zu gelegentlichen Hilfeleistungen in Haus und Hof ein. Einer der Jungen ist der hartnäckige Zwischenrufer, der seinen Widerstand längst aufgegeben hat und nach seiner Arbeit auf dem Hof der Familie Weiss sogar freiwillig den Ziegenstall säubert.

Vom Holzschuppen haben die Männer einen Teil abge-
trennt und einen Verschlag für einige braune Legehen-
nen gezimmert. Morgen-, Tisch- und kurzes Abendgebet
sind inzwischen selbstverständlich geworden. Am
Sonntag kommen die Armenhäusler zur Kirche. Niemand braucht von ihnen abzurücken. Sie sind ordentlich gekleidet und verbreiten nicht mehr den dumpfen
Modergeruch wie ehedem.

Näfels kann mit dem Wirken seiner Armenmutter voll
und ganz zufrieden sein. Wie gerne würde man sie über
die vereinbarte Zeit von einem Jahr hinaus behalten
haben, aber man war nicht bereit, ihr bei der Überfülle
der Arbeit eine Gehilfin zu bezahlen. Im Gegenteil!
Man stöhnte über die acht Louisdors, die Jungfer Scherer für ihre unermüdliche, aufopfernde Tätigkeit bekam,
obwohl man mit eigenen Augen den Erfolg ihrer Tätigkeit sehen konnte.

Manchmal geschieht es, dass einer der Männer sie
verstohlen mustert. Die starke Ausstrahlung der Jungfer
Scherer bleibt nicht verborgen. Sie jedoch spricht nicht
über die Schwierigkeiten, die sie immer wieder im Umgang mit den teils verwirrten Menschen zu bewältigen
hat. Sie klagt nicht über die allzu hohen Anforderungen, die das Amt an sie stellt, muss sie sich doch neben
den häuslichen Pflichten auch noch um den Unterricht
für die Kinder aus dem Armenhaus kümmern. Was zuviel ist, das ist zuviel. Sie spürt trotz aller Erfolge, dass
ihre Kräfte stetig nachlassen.

Zusehens magert sie ab und geht nun leicht vornüber
gebeugt, eine Frau von 25 Jahren. Sie fürchtet sich vor
baldigem Versagen. „Lieber Gott, ich kann nicht mehr!"

Hat der Herr ihr Flehen gehört? Plötzlich reist Pater Theodosius an, um das in Augenschein zu nehmen, was der Gemeindeammann ihm so begeistert über das Wirken der Jungfer Maria Theresia geschrieben hat. Er findet alles so vor, wie der Mann es ihm geschildert hat. Allerdings sieht er auch, dass die gute Schwester völlig überfordert ist. Sie ist todmüde, einfach todmüde. Zunächst bringt er ihr die Kandidatin Theresia Seif als Hilfskraft, obwohl die Gemeinde Näfels nur Kost und Logis für sie bewilligt. In einem dringenden Gesuch, das Schwester Maria Theresia an ihn und an Mutter Maria Bernarda richtet, bittet sie um baldige Ablösung. „Ich bin diesem Posten einfach nicht länger gewachsen. Bitte, haben Sie Mitleid mit meiner Schwachheit!"

Am 2. Oktober 1851 wird ihr Wunsch erfüllt. Ihre Nachfolgerin wird Schwester Anastasia Hauser. Schwester Maria Theresia führt sie in die Arbeit ein und kehrt nach Menzingen heim. Die Behörde in Näfels bedauert ihr Scheiden und sendet ihr am 31. Oktober das Zeugnis nach: „Es ist der Jungfer Theresia Scherer, welche in hiesiger Armenanstalt als Armenmutter tätig war, ein Zeugnis in optima forma auszustellen."

7

CARITAS CHRISTI URGET NOS

Im Jahr 1852 zieht der Frühling nur langsam in das winterkahle Hügelland um Menzingen ein. Ab und zu wehrt sich der Winter durch Nachtfröste und Schneeregen. Hier und da wagt sich ein grünes Kraut aus der Erde. Im Vorgarten des Schwesternhauses blühen Schneeglöckchen, und an einer Hecke zeigen sich windzerzauste, unansehnliche Veilchen. Die Vögel zwitschern und trillern in hellen Morgenstunden. Frühlingsahnen liegt in der Luft, aber nicht selten fegt plötzlich ein kalter Wind über die Höhen, bringt die Vögel zum Verstummen und beugt die Zweige der Bäume mit ihren schwellenden Knospen. Dann jagen tiefhängende Wolken über die Berge oder hüllen sie in feuchtkalten Nebel. Kommt die Sonne wieder durch, so ist die weite Landschaft in seltener Klarheit zu sehen. Alles scheint näher gerückt.

Schwester Maria Theresia kuschelt sich tiefer in ihr Wolltuch. Sie ist auf dem Weg zum Unterricht in der Dorfschule von Menzingen. Mit großer Freude trägt sie ihr Ordenskleid und den Schleier. Die Jungfer Scherer ist gleichsam in Näfels geblieben. Unter der sorgsamen Obhut von Mutter Maria Bernarda, und seit dem Wegfall der gewaltigen Verantwortung, die sie als Armenmutter tragen musste, hat sie sich rasch erholt. Die ungesunde Blässe ist von ihren Wangen gewichen. Ihre Augen strahlen wieder und erzählen von ungebrochenem Mut, von Heiterkeit und Einsatzbereitschaft. Ja, Müdigkeit und Schwäche sind frohem Tatendrang gewichen.

Nun verhält die junge Schwester ihre Schritte, schaut über das Land im Vorfrühling und atmet tief durch. Ihre Schultern straffen sich. Sie ist von einer schweren Bürde befreit worden. Das Jahr in Näfels erscheint ihr fast wie ein Traum, aber sie bedauert es nicht. Als „Jungfer Scherer" hat Schwester Maria Theresia dort manch neue Einsicht gewonnen und spürbar Gottes Hilfe erfahren. Sie wird Näfels nie vergessen, und sie hat alle Insassen lebendig vor ihren Augen: die Frauen und Männer, die bresthaften Alten, die geistig oder körperlich Behinderten, die Jugendlichen und vor allem die Kinder aus dem Armenhaus und aus Näfels, denen sie etwas Unterricht erteilen durfte. Täglich betet sie für ihre ehemaligen Schutzbefohlenen und für ihre Nachfolgerin im Amt der Armenmutter. „Man müsste die Zustände im Armenhaus zu Näfels grundsätzlich ändern." Das hat sie dem Gemeindevorsteher vor ihrer Abreise gesagt. „Die Gefährdeten oder bereits Gestrauchelten müssten von den Armen und Einfältigen räumlich getrennt werden, weil die sich nicht wehren können und hilflos bösem Einfluss ausgesetzt sind."

Wie gründlich und freimütig hat sie das dem Gemeindevorsteher und auch Pater Theodosius vorgetragen. „Es genügt nicht, wenn wir die Armen am Leben und das Haus sauber halten. Die guten Leute müssen in die Lage versetzt werden, ihre eigene Kraft dafür einzusetzen, dass sie ein menschenwürdiges und ungefährdetes Gemeinschaftsleben führen können. Gut gefüttertes Vieh dämmert in seinem Winterstall vor sich hin. Menschen wollen mehr. Sie müssen auch in Alter und

Krankheit einen Sinn in ihrem Leben sehen und einen – wenn auch bescheidenen – Anteil an Lebensfreude erhalten. Dann sind sie bereit, ihre Mitmenschen zu achten und auf die Anwendung von List und Lüge zu verzichten."

Beide Männer haben ihr mit ganzer Aufmerksamkeit gelauscht. Der Gemeindevorsteher hat seine Zustimmung so ausgedrückt: „Sie haben Ihre Worte bereits durch Ihren Einsatz bewiesen, Jungfer Scherer. Wenn wichtige Probleme auch noch nicht gelöst worden sind, so hat Ihr unermüdlicher Einsatz doch bereits gute Früchte getragen. In vielen Dorfarmen haben die Bürger von Näfels erstmals wieder Menschen achten gelernt, um die zu mühen sich lohnt. Wir bedauern sehr, dass Sie von uns gehen. Sie waren trotz Ihrer Jugend eine wirkliche Armenmutter."

Kinderstimmen und Gelächter wecken Schwester Maria Theresia aus ihrer Versunkenheit. Freundlich begrüßt sie die Kinderschar, die sie umringt. „Guten Morgen, liebe Kinder! Nun kommt rasch in die Schule. Wir wollen mit dem Unterricht beginnen!" In der ärmlichen Schulstube drängen sich die kleinen Mädchen dicht an dicht in den einfachen Bänken. Sie legen ihre Sackleinentaschen hin und falten ihre Hände. Mit einem kurzen Gebet und einem frohen Lied beginnt Schwester Maria Theresia den Unterricht. Dann wartet Sie, bis alle sich gesetzt haben und das letzte Füßescharren verstummt ist. Ihr gütiger Blick überfliegt die Reihen der erwartungsvollen Kindergesichter, die von braunen, blonden oder schwarzen Zöpfen umrahmt sind.

„In unserer letzten Religionsstunde sind wir im Geiste mit unserem Herrn und seinen Jüngern durch das Hei-

Schwester M. Theresia Scherer
(nach einem Gemälde)

lige Land gewandert und haben erfahren, wie unser
Herr Jesus den Menschen Gutes tat. Er heilte die
Kranken und rief sogar das Töchterlein des Jairus ins
Leben zurück. Heute wollen wir miterleben, wie sehr
Jesus die Kinder liebte und wie sehr er sie auch heute
noch liebt. Ja, er liebt jede von euch. Er kennt und mag
euch alle." Mit eigenen Worten erzählt sie anschaulich,
wie Jesus seine Jünger tadelt, als sie Kinder abweisen
wollen, die ihm die Mütter bringen." ‚Der Meister ist müde
vom langen Wandern, belästigt ihn nicht!' Da nimmt
der Herr die Kinder in seine Arme und segnet sie. Wie
beschämt mögen da die Jünger gewesen sein! Ein

anderes Mal sagt er sogar: ‚Wer ein solches Kind um meinetwillen aufnimmt, der nimmt mich auf!'" Die kleinen Mädchen in der Unterstufe der Dorfschule zu Menzingen verstehen nicht so ganz, aber sie ahnen zumindest, dass es etwas mit Gottes Liebe zu den Kindern zu tun hat.

„Waren das damals alles Kinder, die nur brav und heilig waren?" erkundigt sich Fränzi schüchtern. Die rothaarige Tochter des Wildhüters sorgt sich sehr, weil sie selbst durchaus nicht immer brav ist. Kann Jesus ein Kind wie sie, ein mutwilliges und zu manchem Streich aufgelegtes kleines Mädchen lieben? Ihre blau-grünen Augen blicken die Lehrerin beinahe ängstlich an. Schwester Maria Theresia lächelt ihr aufmunternd zu. Auch die Augen der anderen Kinder sind voller Spannung auf sie gerichtet. Wer von ihnen ist nur brav oder sogar heilig?

Beinahe wäre die Schwester ihnen die Antwort schuldig geblieben, denn ein hochgewachsener Mann im Ordensgewand der Kapuziner ist leise eingetreten, hebt grüßend die Hand und lässt sich in der letzten leeren Bank nieder. Die Kinder haben nur einen flüchtigen Blick für ihn. Sie kennen den Pater, der oft in Menzingen ist, und im Augenblick interessiert sie die Sache mit den braven und heiligen Kindern viel mehr. Sie merken nicht, dass Schwester Maria Theresia kurz die Lippen zusammenpresst. Sie hält die Heilige Schrift so fest, dass die Fingerknöchel weiß werden. Bedeutet der überraschende Besuch von Pater Theodosius etwa, dass ihre glückliche Zeit als Unterstufenlehrerin in Menzingen wieder ihrem Ende zugeht? Blitzartig tauchen andere Begegnungen mit dem impulsiven Priester in ihrem Gedächtnis auf. Fast immer bedeuteten sie ein Abschiednehmen. Wartet wieder etwas Neues auf sie? War Menzingen nur eine kurze Episode, eine Atempause für sie? Sie reißt sich zusammen und vertreibt ihr Unbehagen. Wie gerne würde sie hier länger tätig sein, aber sie ahnt zugleich, dass sie wieder zu neuen Ufern aufbrechen muss.

Die Kinder warten auf ihre Antwort. Die Stimme klingt auch in ihren eigenen Ohren befangen und spröde. Sie räuspert sich. „Die Kinder, die unser Herr Jesus damals in die Arme nahm und segnete, waren Kinder wie ihr, Fränzi, Kinder, die wie ihr brav sein wollten, aber es nicht immer schafften. Ihr müsst oft vertrauensvoll zu Jesus gehen. Er wartet im Tabernakel auf euch. Kehrt gerne bei ihm ein. Er segnet euch und hilft euch, gute Menschen zu werden."

Eine Hoffnung regt sich in ihr. Vielleicht ist Pater Theodosius nur gekommen, um sich von ihrer Unterrichtsarbeit zu überzeugen. Dann wird er ihr später sagen, dass sie zur weiteren Ausbildung im Lehrfach in ein Seminar gehen darf. Bei ihrer ersten Begegnung in Altdorf hat er es ihr versprochen. In ihrem Herzen ist der Wunsch nach wie vor lebendig, wenn sie ihn auch nicht mehr ausspricht.

Da er still in der Bank sitzen bleibt, unterrichtet sie weiter, und zwar Rechtschreiben und Schönschreiben. Geduldig geht sie durch die Reihen, sieht sich die Buchstaben auf den Schiefertafeln an, verbessert ab und zu ein allzu krauses Geschreibsel und macht den kleinen Schreiberinnen, die scheinbar einen besonders widerspenstigen Griffel haben, Mut zum neuen Versuch. Die Kinder fürchten sich nicht vor ihr, denn sie will ihnen nur helfen. Ja, sie kommen gerne in die Schule. Sie spüren, dass ihre Lehrerin sie mag.

Das Lesen in den zerfledderten Fibeln ist eine schwierige Sache. Manchem Bergbauern- und Häuslerkind kommen die Worte nur stockend aus dem Mund. Liebevoll wiederholt die Schwester langsam einzelne Worte und kleine Sätze und lässt sie dann gemeinsam lesen. „So, das wäre es für heute, aber lest zu Hause euren Eltern und Geschwistern etwas vor!" Die Kinder legen die Fibeln zur Seite. „Nun wollen wir ein wenig rechnen. Dann haben wir den Schulmorgen geschafft." Die Beispiele für das Zusammenzählen nimmt sie aus der Welt der Kinder. Sie addieren Hühner, Enten, Gänse, Geißen und Stallhasen. Das klappt ganz gut, bis sie zu den Kühen kommen. „Nehmen wir an, dass der Huber Sepp zwei Kühe hat. Nun kauft er auf dem Viehmarkt drei Kühe dazu. Wie viele Kühe hat er dann in seinem Stall?" Klärli protestiert erregt: „Nein, Schwester, so reich kann der Huber Sepp gar nicht sein, dass er auf einmal drei Kühe dazu kaufen kann! So viele Kühe hat er auch gar nicht im Stall." Erstaunt fragt Schwester Maria Theresia: „Woher willst du das denn wissen, Klärli?" „Weil der Huber Sepp unser Nachbar ist. Er kann sich keine neue Kuh kaufen. Er hat nämlich kein Geld dazu. Aber seine Kuh Flora wird bald kalben. Jetzt hat er zwei Kühe, und wenn Floras Kalb eine Kuh geworden ist, dann hat er drei." Zufrieden setzt sich Klärli wieder hin. Die Lehrerin lobt sie. „Das hast du gut gemacht, Klärli! Nehmen wir statt der teuren Kühe lieber Äpfel. Wir wollen das Abziehen üben. Du hast fünf Äpfel in den Korb gelegt. Plötzlich sind zwei fort. Wie viele Äpfel hast du dann noch?" Aufgeregt meldet sich Mineli: „Die zwei Äpfel hat der Peter gemaust, der macht das immer blitzschnell…!" Ehe sich Schwester Maria Theresia zu dieser Ungeheuerlichkeit äußern kann, schwingt draußen auf dem Pausenplatz eine der großen Schülerinnen eine Glocke. „Für heute ist der Unterricht beendet." Nach einem kurzen Gebet stürmen die Kleinen davon.

Pater Theodosius wartet im Klassenraum, bis das letzte Kind gegangen ist. Sorgfältig legt Schwester Maria Theresia ihre Bücher, Hefte und Notizen zusammen. Sie tut es unwillkürlich langsamer als sonst, so als müsse sie das Unabwendbare hinauszögern. Ihr natürliches Empfinden wehrt sich gegen das, was auf sie zukommt. Sie kann sich im allgemeinen auf ihre Ahnungen verlassen. „Hätten Sie etwas Zeit für mich, Schwester Maria Theresia? Wollen wir ins Sprechzimmer gehen oder sollen wir an der frischen Luft bleiben?" Die Schwester legt ihr Wolltuch um, lässt ihre Schulbücher auf dem Pult liegen. „Können wir draußen bleiben, Pater Theodosius?" In der Vorfrühlingslandschaft gehen sie auf und ab. Erst nach einer Weile beginnt Pater Theodosius: „Wie Sie wissen, bin ich nun Pfarrer in Chur. Die katholische Gemeinde ist relativ klein und verfügt nur über bescheidene Mittel.
Bei Familienbesuchen habe ich die Not und Armut der Menschen meiner Pfarrei gesehen. In Chur bestehen keinerlei Einrichtungen für arme und kranke Katholiken. Im allgemeinen wurden sie im evangelischen Stadtspital gut betreut, aber ich musste immer wieder den Stoßseufzer hören: ‚Hätten wir nur ein eigenes Spital!' Obwohl meine finanziellen Möglichkeiten äußerst beschränkt sind und unsere Pfarrei auch über keine besonderen Mittel verfügt, habe ich das Haus Planaterra bei St. Regula am Untertor gemietet. Mit Hilfe von ausgebildeten Krankenschwestern und des Churer Frauenvereins richtete ich dort ein bescheidenes Spital ein. Eigentlich ist es

viel zu klein und mit seinem verwinkelten Bau nicht recht für Krankenbetreuung geeignet.

Nun, Sie kennen derartige Schwierigkeiten vom Bürgerspital in Luzern. Ich habe meine Augen bereits auf ein Gelände gerichtet, auf dem ich ein größeres Spital bauen werde. Was mir aber die größten Sorgen macht, ist die personelle Situation des Hauses Planaterra. Die Innsbrucker Schwestern wollen die jungen Mädchen und Frauen, die sich freiwillig in den Dienst der Kranken stellen, ihrem Institut in Innsbruck einverleiben. Das kann ich nicht dulden, denn ich möchte, dass sie sich als Barmherzige Schwestern in Menzingen anschließen, wenn sie für das Ordensleben berufen sind. Und deshalb habe ich heute mit Mutter Maria Bernarda gesprochen..."

Er hält inne, bleibt stehen und sieht forschend in das Antlitz seiner Begleiterin. Ihre Wangen sind vom frischen Wind gerötet, und ihre Augen sehen ihn offen und ohne Falsch an. Da bekennt er ehrlich: „Ihre Frau Mutter war nicht restlos begeistert davon, dass unsere Gemeinschaft in Chur eine andersgeartete Tätigkeit übernehmen soll, die Krankenpflege. Ihr Sinnen und Trachten beschäftigt sich mit Schule und Unterricht. Ich habe ihr klarzumachen versucht, dass unter dem gemeinsamen Dach, dem Mutterhaus in Menzingen, durchaus ein zweiter Zweig entstehen könne – eine karitative Richtung, mit eigenem Noviziat in Chur. Nach einigem Zögern hat Mutter Maria Bernarda meinem Drängen nachgegeben, und Sie, Schwester Maria Theresia, für die Planaterra freigegeben. Wollen Sie sich der neuen und nicht eben leichten Aufgabe stellen?"

Zunächst vermag die Schwester nicht zu antworten. Widerspruch regt sich in ihr. Auf welche Erfahrung kann sie sich stützen? Sie hat in Luzern nur als Hilfskraft der Krankenschwestern gewirkt. Die Gedanken sind von ihrem Gesicht abzulesen, denn Pater Theodosius sagt: „Vergessen Sie Näfels nicht! Was Sie dort bei den Armen und Kranken geleistet haben, auch an ambulanter Krankenpflege und an Menschenführung, ist eine ausgezeichnete Basis für Ihr Wirken in Chur!"

Es ist also beschlossene Sache. Sie wird sich fügen und es als Auftrag Gottes akzeptieren, denn Gott wirkt durch diesen Pater, den die Liebe Christi zu immer neuen Werken drängt. Ihre Stimme ist ein wenig heiser, als sie schlicht fragt: „Wann soll ich nach Chur reisen?"

Später schreibt sie ihre Empfindungen nieder: „Ich ging mit großem Widerwillen und äußerst ungern zu diesem Zweck nach Chur. Noch unlieber wäre ich gegangen, wenn ich gewusst hätte, dass es gegen den Willen der Frau Mutter war!"

Wieder steht Schwester Maria Theresia vor einer Spitalpforte, wie seinerzeit vor dem Bürgerspital in Luzern. Dieses Mal scheint die Sonne hell auf das Holz der Türe und auf das graue Gebäude. Sie weiß, was sie drinnen erwartet. Sie wendet sich ihrer Begleiterin zu. „Nur Mut, liebe Schwester! Mit Gottes Hilfe werden wir es auch hier schaffen!" Die junge Schwester lächelt etwas gequält. Sie ist sich dessen nicht so sicher. Ob sie überhaupt für die Krankenpflege geeignet ist? Sie hat es nicht ausprobieren können und ist nie mit Krankheiten in Berührung gekommen. „Ach, sieh da eine Nebenpforte ist sogar offen", stellt Schwester Maria Theresia fest. „Gehen wir dort hinein! Ein festlicher Empfang ist sowieso nicht geplant."

Sie treten in ein halbdunkles, kellerartiges Stübchen, eine Art Abstellraum, finden eine Türe und treten auf den Korridor hinaus. Eine jüngere Frau mit blauer Schürze begegnet ihnen und stößt vor Schreck einen spitzen Schrei aus, als sie die beiden Schwestern erblickt. Rasch beruhigt Schwester Maria Theresia die Aufgeregte. „Wir kommen aus Menzingen…", beginnt sie. „Menzingen? Dann sind Sie sicher die neue Oberin des Hauses Planaterra – Mutter Maria Theresia, nicht wahr? Herzlich willkommen bei uns in Chur! Ich bin Aloisia Scheuber, eine Kandidatin für Ihre Gemeinschaft." Befremdet sieht die Oberin sie an. „Mutter Maria Theresia?" fragt sie gedehnt und ergreift die dargebotene Hand. „Pater Theodosius hat angeordnet, dass wir sie so nennen. Alle im Haus wissen es, das Pflegepersonal und unsere achtzehn Patienten." „Nun gut!" Die neu ernannte Mutter Maria Theresia zuckt ergeben die Achseln. Wieder erlebt sie nun bei ihrer Ernennung das stürmische Vorpreschen des Paters. Wie schwer ist es, mit ihm Schritt zu halten! „Ich werde mich redlich darum bemühen, allen Insassen des Hauses Mutter zu sein."

Sie gönnt sich keine Ruhe, bis sie alle Mitarbeiter begrüßt hat. Dann beginnt sie sofort einen Rundgang durch die Krankenzimmer. Der wohlbekannte Geruch, den sie im Bürgerspital zu Luzern kennen gelernt hat, strömt ihr entgegen. Die Patienten liegen dicht an dicht in den feuchten Räumen, auf Strohsäcke gebettet. Der Kampf gegen Schmutz und die Unzulänglichkeit der medizinischen Mittel wird hier genau so erbittert geführt wie in Luzern.

Sie bleibt an jedem Lager stehen, spricht mit den Kranken, erkundigt sich nach ihrem Befinden und lässt ihnen einen erfrischenden Trunk bringen. „Man gibt sich hier alle Mühe mit uns", anerkennt eine ältere Frau dankbar. „Wenn wir nur mehr Platz hätten…" „Und mehr zu essen", fügt eine andere hinzu. Aloisia Scheuber stimmt ihr zu. „Ja, Mutter Maria Theresia, unser Essen müsste besser und reichlicher sein." Die Oberin kennt das große ‚Aber' bereits aus Luzern. „Wir haben kein Geld."

Sie scheut sich nicht, ihre ersten Eindrücke klar und deutlich bei Pater Theodosius vorzubringen. „Patienten und Pflegepersonal brauchen ausreichende, gesunde Kost, Pater Theodosius. Zudem ist unser Vorrat an Medikamenten und Verbänden noch kärglicher als im Bürgerspital!" Der sonst stets optimistische Kapuziner wirkt zunächst irgendwie betroffen und verstört. „Ist es so schlimm?" erkundigt er sich bekümmert. „Von der vorigen Leiterin habe ich nichts Derartiges gehört, und Sie tragen es mir gleich an Ihrem ersten Tag vor." „Mir liegt das Wohl der Kranken so am Herzen, dass ich nicht schweigen kann. Mein praktischer Sinn sagt mir, dass wir mehr Geld für die Planaterra brauchen."

Pater Theodosius wandert einige Male im kleinen Sprechzimmer auf und ab, die Hände auf dem Rücken und die Stirn gefurcht. Mitleidig schaut sie ihm zu. Offensichtlich muss er mit sich selbst zu Rate gehen und sich zu einem Entschluss durchringen. Endlich bleibt er vor ihr stehen. „Ich habe da einen gewissen Betrag, den ich für einen anderen Zweck vorgesehen hatte, den werde ich Ihnen bringen. Ich weiß ja, dass Sie ihn gewissenhaft verwenden." Sie atmet auf und macht ihm einen neuen Vorschlag. „Die Raumnot in unserem

Spital ist zu groß. Wenn es Ihnen recht ist, lasse ich das Dachgeschoss herrichten. Die Mitarbeiter, Schwestern und Laien, werden oben die Kämmerchen beziehen. Ihre bisherigen Zimmer werden Krankenzimmer."

Er gibt ihr sofort die Erlaubnis zu dieser Änderung. „Sie haben mir das Wort aus dem Munde genommen, als Sie die Raumnot in der Planaterra angesprochen haben. Das Haus ist viel zu klein, um ein Spital und ein Noviziat der Barmherzigen Schwestern zu beherbergen. Uns bleibt nichts anderes übrig. Wir müssen ein größeres Spital bauen, auch wenn die Churer Stadtverwaltung dies ablehnt, weil sie eine Vermehrung des katholischen Einflusses fürchtet. Durch einen Strohmann habe ich bereits ein passendes Gelände kaufen lassen." Mutter Maria Theresia sieht ihn aus weit geöffneten Augen an. „Ein größeres Spital bauen? Woher sollen die Mittel dafür kommen, wenn sie nicht einmal ausreichen, um die kleine Planaterra zu versorgen?"

Ungeduldig winkt er ab. „Haben Sie Vertrauen, Frau Mutter! Scheuen Sie um der Armen Christi willen das Risiko nicht! Arbeiten wir vertrauensvoll zusammen. Ich werde das notwendige Geld auftreiben – und wenn ich dafür auf Bettelreise gehen muss. Sie, Frau Mutter, halten hier stand und helfen in jeder Weise bei der Verwirklichung des großen Planes – für Gott und die Menschen."

Er reicht ihr die Hand, die sie mit festem Druck ergreift. Ein Bündnis ist geschlossen, das in allen Prüfungen standhalten wird.

8

TREUE

Ein strahlender Sommertag in der Ewigen Stadt Rom. Unter tiefblauem Himmel strömen Pilger zum Petersplatz, zu Fuß oder in einer der zahlreichen Kutschen. Es sind Pilger aus aller Herren Länder. Sie wollen Papst Pius IX. huldigen, dem großen Papst, dessen Bild in der antiklerikalen Presse oft verzeichnet und entstellt dargeboten wird. Die Pilger sehen in ihm den Stellvertreter Christi auf Erden und stehen treu zu ihm und zur katholischen Kirche. Sie ahnen, dass mancher, der den Papst verunglimpft, in Wirklichkeit Jesus Christus meint. „Haben sie mich verfolgt, so werden sie auch euch verfolgen." Dieses Herrenwort erfüllt sich auch im 19. Jahrhundert. In vielen Ländern verstärken sich kirchenfeindliche Bestrebungen. Treue zur Kirche wird mehr und mehr zum Wagnis.

Pilgerscharen überqueren den weiten Petersplatz vor der herrlichen Basilika. Lange bleiben sie bei den großen Brunnen stehen, in die sich sprudelnd kristallklares Wasser aus den Albiner Bergen ergießt. Sie staunen über die gewaltigen Arme der Kolonnaden, über den überlebensgroßen Christus und die anderen Statuen auf der Balustrade. „Christus vincit, Christus regnat, Christus imperat!" Welche Gnade und innere Beglückung ist es, zu seiner Kirche zu gehören!

Gedankenverloren und sichtlich beeindruckt schreitet ein Kapuziner auf den Petersdom zu. Ein langer Bart umwallt sein schmales Gesicht mit den lebhaften, dunklen Augen. Pater Theodosius Florentini grüßt still die beiden Statuen, die als Wächter vor St. Peter stehen: Petrus und Paulus. Dann steigt er die Stufen empor und betritt die Vorhalle des Domes. In der Menge der Pilger wohnt er einer Generalaudienz bei, betet mit den vielen Menschen das lateinische Glaubensbekenntnis: „Credo in unum Deum…" Er vergisst seine Zurückhaltung und jubelt wie die andern dem weiß gekleideten Mann auf der Sedia Gestatoria zu: „Eviva il Papa!" Später kniet er lange an der Confessio und erneuert sein Taufversprechen und seine Ordensgelübde.

Am anderen Tag wird er vom Papst in Privataudienz empfangen. Er achtet kaum auf die Pracht der langen Korridore und der Säle, durch die er geleitet wird. Ihm ist nur die Begegnung mit dem Papst wichtig. Endlich kniet er zu seinen Füßen. Es ist ihm zumute, als wäre er nach einer langen und mühseligen Reise am Ziele angekommen. „Sie haben weite Reisen hinter sich, mein Sohn?" erkundigt sich Papst Pius IX. freundlich. Er weiß längst über diesen Pater mit dem italienischen Familiennamen Bescheid, aber er will ihn ermutigen, sich bei ihm auszusprechen. „Heiliger Vater, ich bin seit Wochen fortgesetzt auf Bettelreisen in Österreich, in Bayern, in Baden und in Italien…"

Er berichtet von seinem Plan, in Chur ein katholisches Spital zu bauen, und von den andauernden Geldnöten, die den kürzlich begonnenen Bau immer wieder stocken lassen. „Mein Vaterland ist religiös und politisch zerrissen. Die Behörde erfindet immer neue Hindernisse, um den Bau zu verzögern. In meiner Abwesenheit leitet eine Ordensfrau, Schwester Maria Theresia Scherer, den Bau. Sie ist eine tapfere und zuverlässige Streiterin für die Sache Christi, eine wahre Führernatur, aber ich muss ihr die Mittel für den Weiterbau verschaffen. Heiliger Vater, Ihr nehmt es mir doch nicht übel, dass ich Euch meine finanziellen Nöte darlegte?"

Der Papst blickt ihn freundlich an. „Welches Glück haben Sie, lieber Pater Theodosius, dass Gott Ihnen einen solchen Menschen wie diese Schwester Maria Theresia über den Weg geschickt hat. Bedenken Sie, dass die Übernatur auf der Natur aufbaut! Schicken Sie ihr recht bald die Mittel zum Weiterbauen, Auch Wir wollen Unser Scherflein zu Ihrem Werk beitragen. Es sind hundert Goldgregorinen, in Ihrer Währung etwa fünfhundert Franken. Wir geben Ihnen auch ein Empfehlungsschreiben an den Conte Vincento d'Orte in Neapel mit. Er wird Sie reichlich unterstützen. Dürfen Wir Ihnen nun Unseren väterlichen Segen geben für Sie – und Ihr Werk in der Schweiz? Möge es gedeihen zum Besten unserer Mutter Kirche und zum Besten Ihres Heimatlandes!"

Am Abend des gleichen Tages übergibt Pater Theodosius die päpstliche Spende und den zuvor gesammelten, nicht unerheblichen Betrag einem geistlichen Mitbruder, der nach Chur reist. „Bewahren Sie das Säcklein wohl, lieber Confrater! Jede dieser Münzen ist ein Baustein für unser Kreuzspital in Chur. Schwester Maria Theresia wird glücklich und erleichtert sein, wenn Sie ihr die Summe überreichen. Ich setze derweil meine Bettelreise fort. Zunächst fahre ich mit dem Empfehlungsschreiben des Heiligen Vaters nach Neapel." Der andere Pater schüttelt ungläubig den Kopf. „Wie? Sie wollen mich nicht begleiten? Dabei wären Sie bei Ihrem Bau gewiss bitter nötig. Ich kann es nicht fassen, dass Sie einer relativ jungen und im Bauen völlig unerfahrenen Ordensfrau den Bau des Spitals anvertraut haben. Sie haben mir erzählt, dass diese Schwester Maria Theresia gleichzeitig das Spital Planaterra leitet, selbst Krankenpflegedienste tut und Novizinnen ausbildet. Haben Sie ihr nicht zuviel zugemutet, mein lieber Pater Theodosius?" „Nein, das glaube ich nicht", erwidert der Pater mit großem Ernst. „Wissen Sie, Schwester Maria Theresia sagt oft: ‚Gottes Güte kennt keine Grenzen!' Warum sollte unser Herr angesichts eines solchen Gottvertrauens enge Grenzen ziehen? Er schenkt ihr mit dem Kreuz seine Güte und Gnade, dessen bin ich gewiss, damit sie überreich weiter schenken kann, was er ihr gibt. Ihre Treue hält jedem Sturm stand!"

Nach dem Gottesdienst und dem kargen Frühstück eilt Mutter Maria Theresia in aller Frühe vom Spital Planaterra zum großen Baugelände im Südwesten der Stadt. Die Novizin hat Mühe, mit ihr Schritt zu halten. Eine innere Unruhe treibt die Oberin voran. Waren die Bauarbeiter nicht schon gestern mürrisch gewesen, weil die Schwester sie wieder vertrösten musste? Sie konnte ihnen die vereinbarten Löhne wieder nicht auszahlen. Die versprochene Geldsendung aus Italien war nicht eingetroffen. Vielleicht haben die Behörden wieder spitzfindig neue Gründe ausgegraben, um das Weiterbauen zu verhindern oder zumindest zu verzögern. Die Beamten meinen, dass sie sich gegen eine Frau als Bauleiterin mehr herausnehmen können als gegen den eigentlichen Bauherrn, Pater Theodosius Florentini. „Was kann denn eine Ordensschwester vom Bauen verstehen?" hat ihr ein Beamter frech ins Gesicht gesagt, als sie um eine Genehmigung ersuchte. „Nun – wahrscheinlich verstehe ich nicht allzu viel vom Bauen, aber ich verstehe um so mehr von der Not der armen Kranken, und ich möchte mit dazu beitragen, ihre Not zu lindern. Das müsste der Stadt Chur auch ein wichtiges Anliegen sein." Das Blitzen in ihren Augen trug den Rest zur Deutlichkeit ihres Standpunktes bei. Sie hat ihre Genehmigung bekommen.

Ein wenig außer Atem erreichen Mutter Maria Theresia und ihre Begleiterin den Bauplatz. Dort bewegt sich nichts, die Arbeiter stehen müßig herum, reden und rauchen. Ist wieder eine Verordnung zum Baustop vom Rat der Stadt eingetroffen? Böse Gesichter starren sie an. Ihr Gruß wird kaum erwidert. „Was ist denn hier los?" fragt sie geradeheraus. Die Männer schauen ihr nicht ins Gesicht, wenden sich halb ab und schweigen. Endlich nähert sich der alte Josef, eine Art Vorarbeiter, der Oberin. Er zieht seine Mütze, dreht sie verlegen in den schwieligen Händen und murmelt: „Wir haben gar nichts gegen Sie, Frau Mutter. Wir arbeiten gerne für Sie, aber wir brauchen unseren Lohn. In manchen Familien hungern sie bereits." Mutter Maria Theresia richtet sich ganz gerade auf, sieht dem alten Josef und den anderen Männern fest in die Augen. „Morgen werdet ihr euren Lohn erhalten. Das verspreche ich euch. Arbeitet darum heute weiter. Ich lasse euch einen großen Topf Suppe und Brot und Käse bringen, und zwar so viel, dass ihr auch etwas mit heim nehmen könnt." Die Männer greifen mehr oder minder beruhigt zu den Schaufeln und Hacken.

Auf dem eiligen Heimweg wagt die Novizin einen ängstlichen Einwand: „Frau Mutter, was wird geschehen, wenn das Geld aus Italien nicht eintrifft?" „Gott lässt die Seinen nicht im Stich", lautet die knappe Antwort.

Im Haus Planaterra organisiert die Oberin den Lebensmitteltransport zur Baustelle. Die Küchenschwester verfolgt mit großer Sorge die Plünderung der Speise- und Vorratskammer. „Gott wird sorgen, Schwester! Sie werden es erleben…!"

Die Nacht ist schon hereingebrochen, da verfasst Mutter Maria Theresia nach diesem Tag bei flackerndem Kerzenlicht einen Brief an die Frau Mutter in Menzingen. Sie ist nach den Mühen und Ereignissen des Tages todmüde, aber sie hält es für ihre Pflicht, die geistliche Mutter auf dem Laufenden zu halten. Sie hat auch gute Nachrichten für sie. „Nun haben wir wieder fünf neue Kandidatinnen. Das Haus platzt aus allen Nähten. Freuen Sie sich mit mir, Frau Mutter, am raschen Wachsen unserer Gemeinschaft hier in Chur! Es ist erstaunlich, wie viel junge Menschen sich trotz unserer Armut und Enge für unser Institut entscheiden …"

Sie hält mit dem Schreiben inne und schaut gedankenvoll in das flackernde Kerzenlicht. Freut sich Mutter Maria Bernarda über das rasche Wachstum des Institutes in Chur? Hatte die Oberin von Menzingen aus nicht einmal an den Stifter geschrieben: „Ich wünsche, dass das Mutterhaus der Lehrschwestern vom Spital in Chur getrennt wird, und jedes für sich allein bestehen, und eines für das andere nicht garantieren soll."

Vorerst ist es bei diesem Wunsch geblieben, aber die Schule ist und bleibt das Wunschziel der Ordensfrau. Sie fürchtet, dass der Gründer weitere und noch kühnere Ideen für neue Tätigkeiten entwickeln könnte. „Ich schätze Pater Theodosius sehr und weiß um seinen Einsatz für die Kirche Gottes, aber manches Mal gehen seine Pläne an der Wirklichkeit vorbei. Religiöse Begeisterung gibt keinem das Recht, Pläne vorzuschlagen, die nicht realisierbar sind."

Ein Klopfen an der Türe unterbricht die besorgten Gedanken der Oberin in Chur. „Frau Mutter", wispert eine Novizin ehrfürchtig. „Ein geistlicher Herr, ein Kapuziner, ist aus Italien eingetroffen. Er bringt Grüße von Pater Theodosius!" Mutter Maria Theresia erhebt sich eilig. „Deo gratias!"

Am anderen Tag kann Mutter Maria Theresia den Arbeitern auf der Baustelle die versprochenen Löhne auszahlen. „Ich wusste, dass sie ihr Wort hält", strahlt der Vorarbeiter Josef. „Los, Männer, nun wollen wir auch besonders gut für sie arbeiten." Einer der Arbeiter fragt: „Ist es denn nicht der Pater Florentini, der das Spital bauen lässt?" „Mag sein, Alfons. Er ist das Gehirn, und die Frau Mutter das Herz der Sache." Alfons grinst. „Wenn das so ist, habe ich lieber mit dem Herzen zu tun."

Mutter Maria Theresia kann einige Rechnungen für Baumaterial bezahlen und sich weitere Lieferungen sichern. Dann kauft sie Lebensmittel, Medizin und Seife für das Spital Planaterra ein. Eigentlich müsste die Bettwäsche erneuert werden, aber die Geldsendung aus Rom ist wieder aufgebraucht. Schwester Julia jammert: „Frau Mutter, ich kann diese Betttücher unmöglich noch einmal flicken. Sie sind viel zu dünn geworden und taugen höchstens noch als Putzlappen." „Schwester, Sie sind nicht die einzige, die mich heute bestürmt und mich auffordert, etwas Neues zu kaufen. Nur habe ich kein müdes Fränkli mehr. Ich will versuchen, in der Stadt etwas Geld aufzutreiben. Ich spreche einmal bei den reichen alten Damen Kaufmann in der Villa vor." Sie tut es nicht gerne, aber sie sagt sich, dass sie der Not abhelfen muss. „Wenn Pater Theodosius nicht zu schade dafür ist, wie könnte ich dann zum Betteln zu stolz sein?"

Der Empfang in der Villa-Kaufmann ist nicht besonders herzlich. Die beiden vornehmen alten Jungfern empfangen die Frau Mutter mit kühler Zurückhaltung, sitzen mit unbewegten Gesichtern auf ihren Stühlen und lassen sie ihr Anliegen vortragen, ohne sich zu äußern. Mutter Maria Theresias Wangen haben sich gerötet. Sie spürt die ablehnende Haltung der beiden Damen. Gerade darum trägt sie ihre Sache mit Begeisterung und Nachdruck vor. Sie wagt sogar die Bemerkung, dass es ein Anliegen aller Katholiken in Chur sein müsse, den Bau des Kreuzspitals zu fördern. Da unterbricht sie das ältere Fräulein Kaufmann: „So, meinen Sie das? Ich frage mich aber, wie Pater Florentini es wagen konnte, ein solches Unternehmen ohne entsprechende Mittel zu beginnen. Und dazu bürdet er einer schwachen Frauensperson die ganze Verantwortung für den Neubau und für das Spital Planaterra auf, während er sich auf Auslandsreisen begibt."
Die ‚schwache Frauensperson' hebt entschlossen den Kopf und sieht das Fräulein mit blitzenden Augen an. „Pater Theodosius erbettelt im Ausland unter großen Strapazen Geld für den Weiterbau. Er muss dabei viele Opfer bringen. Eine Bettelreise ist keineswegs eine Vergnügungsreise. Zudem will er bald zurückkehren. Wenn es Ihnen möglich wäre, uns mit einer bescheidenen

Summe über einen Engpass hinwegzuhelfen…?" Sie verstummt. Die beiden Fräulein haben ihre Haltung nicht verändert. Jetzt fragt die jüngere der Schwestern: „Und was würden Sie mit dem Geld tun, wenn wir Ihnen helfen würden?" „Oh! ich würde Betttücher für die Planaterra kaufen. Sie sind nicht mehr zu flicken … und gegebenenfalls Lebensmittel." Das ältere Fräulein Kaufmann meint: „Sie werden Verständnis dafür haben, dass wir Ihr Anliegen miteinander besprechen müssen, ehe wir handeln. Sie hören von uns!" Damit ist sie entlassen und kehrt müde und niedergeschlagen zur Planaterra zurück.

„Wir werden bald auch einige unserer Schwestern auf Bettelreise schicken müssen. So kommen wir nicht mehr durch, Schwester Philomena", sagt sie zu ihrer rechten Hand. „Ich werde mit dieser Aufgabe nur Freiwillige betrauen, denn sie werden manche Verdemütigung, ja auch Spott und Verachtung erfahren."

Gegen Abend meldet die Pförtnerin, dass ein Wagen vorgefahren sei. „Der Kutscher sagt, er käme von den Fräulein Kaufmann und bittet, ihm beim Ausladen zu helfen! Mutter Maria Theresia faltet kurz die Hände und ruft dann einige Schwestern herbei. Vor dem Spital steht nicht etwa die elegante Kutsche der Damen Kaufmann, sondern ein Wagen, über dessen Ladung eine Plane liegt. Der Fahrer tippt mit der Peitsche an seine Mütze. „Guten Abend! Sind Sie die Frau Mutter dieser Schwestern? Ich soll Ihnen diesen Brief der Damen Kaufmann mit einem freundlichen Gruß abliefern." Mit einem herzlichen Dankeswort schiebt die Oberin den dicken Brief in ihre Tasche. „Wir helfen Ihnen beim Ausladen …!"

Unter der Plane kommen herrliche Dinge hervor: ganze Stapel von Betttüchern! Sie sind zwar etwas vergilbt, aber sonst neuwertig. Säcke mit Kartoffeln und Mehl, Salz und auch andere Gewürze. Ein Fässchen Schmalz, zwei andere mit Sauerkraut, sauren Bohnen … und allerlei andere Herrlichkeiten, die der Küchenschwester einen unkontrollierten Freudenschrei entlocken. „Und da meinten Sie, dass Sie kein Talent zum Betteln hätten, Frau Mutter", meint Schwester Philomena, als alles ausgeladen und untergebracht ist. „Die beiden Fräulein Kaufmann sind in ganz Chur als Geizkragen bekannt! Und … darf ich an den Brief erinnern, den Sie in die Tasche gesteckt haben?" „Ach, den hätte ich vor lauter Freude beinahe vergessen. Gut, dass Sie mich daran erinnern!" Mühsam nestelt sie ihn aus der Tasche ihres Habits und wiegt ihn in der Hand. Er ist hart und schwer. „Ich ahne schon, was er enthält. Sie öffnet ihn und schüttelt seinen Inhalt auf den Küchentisch. Es sind blanke Goldstücke, die dort klirrend niederfallen. „So Gott will, reicht alles zusammen, bis Pater Theodosius wieder bei uns ist!"

Im langen Sommer und im milden Herbst wächst und wächst der Spitalbau. Im alten Spital Planaterra nimmt die Zahl der Kandidatinnen für die Barmherzigen Schwestern weiter zu. Mutter Maria Theresia widmet sich liebevoll jeder Einzelnen und bahnt ihr behutsam den Weg ins Ordensleben. Sie verschweigt keineswegs, dass das Kreuz einer Barmherzigen Schwester treu bleiben wird! „Wer in unsere Gemeinschaft kommt, braucht viel Mut und eine große Liebe zu Gott und den Menschen. Eine Barmherzige Schwester vom Heiligen Kreuz darf vor keiner Widrigkeit zurückschrecken, wenn sie helfen will."

Einige der jungen Schwestern werden in Außenstationen gesandt – so in die Armen- und Waisenhäuser von Stans, Ibach, Buochs, Gersau, und in das Fremdenspital Altdorf. Die Besoldung ist dort gering, und die Armut bleibt ein treuer Gast in diesen Häusern. Die Raumnot in der Planaterra wird durch die Aussendung der Schwestern nicht behoben, denn die Bitten um Aufnahme in die Gemeinschaft reißen nicht ab.

Nach dem reich bemessenen Tagewerk in der Planaterra und im Neubau macht Mutter Maria Theresia jeden Abend einen Rundgang durch das alte Haus, ehe sie sich in ihrem Kämmerchen zur kurzen Nachtruhe niederlegt. Kein Krankenzimmer bleibt dabei ausgespart. Manchmal reicht sie einer Kranken ein Glas Wasser oder rückt die Stöhnende besser auf ihrem Strohlager zurecht, und oft zeichnet sie einer Schwerleidenden ein Kreuzchen auf die Stirn. „Ich bete für Sie", flüstert sie sanft. Das ist bei ihr nie eine leere Phrase.

In einem Kämmerchen, in dem drei Frauen liegen, deren Weg auf Erden unaufhaltsam dem baldigen Ende zugeht, brennt zwar das kleine Öllicht und gibt einen matten Schein, aber die Novizin, die bei den Sterbenden wachen soll, ist eingeschlafen. Sie hockt zusammengesunken auf ihrem Stuhl. Mutter Maria Theresia hebt das Öllicht ein wenig an, damit sein Schein auf das Gesicht der jungen Schwester fällt. Es ist ein schmales Antlitz mit dunklen Ringen unter den geschlossenen Augen. „Mute ich den Schwestern zuviel zu?" fragt sich die Frau Mutter. „Harte Arbeit, primitive Unterbringung und meist unzureichende Kost. Sage du mir, Herr, ob ich zu fordernd bin!"

Ist sie es nicht selbst, die das Meiste von sich verlangt? Aber nicht jeder Mensch hat die gleiche Kraft. „Ich muss noch mehr die einzelne Schwester und ihre besonderen Möglichkeiten sehen. Auch beim bestem Willen kann nicht jede das Gleiche leisten und ertragen. Keine kann mehr als ihr Bestes geben, auch wenn die einzelnen Gaben recht unterschiedlich ausfallen."

Sie berührt die Schlafende leicht an der Schulter. Mit einem erschrockenen Laut fährt die Novizin auf. „Frau Mutter", stammelt sie entsetzt. „Psst, psst, nur ruhig, Kind! Wecke die Kranken nicht auf. Du bist übermüdet und gehst sofort ins Bett! Ich übernehme den Rest der Nachtwache." Der sanfte und zugleich energische Flüsterton der Oberin lässt keinen Widerspruch zu. Die Novizin murmelt Dankesworte. Statt eines Tadels wird sie zu Bett geschickt. Welche Güte und Barmherzigkeit von der verehrten Frau Mutter! Am liebsten würde sie ihr die Hand küssen, aber solche Gesten liebt Mutter Maria Theresia nicht. Auf Zehenspitzen verlässt die Novizin den Raum, während die Oberin sich auf den harten Stuhl setzt und nach ihrem Rosenkranz greift...

Ende Oktober kehrt Pater Theodosius mit gefülltem Geldbeutel von seiner großen Reise zurück. Nun geht der Neubau des Kreuzspitals rasch voran. Hindernisse und Vorurteile werden bald beseitigt. Kritische Stimmen verstummen. Doch die Finanzen reichen nach wie vor nicht aus. Die Planaterra, das überfüllte, alte Spital, erweist sich mehr denn je als unzureichend. Umbauten sind nicht möglich. Die Gänge bleiben zu schmal, und die Wendeltreppen mit ihren hohen, ausgetretenen Stufen machen den Dienst bei den Kranken doppelt anstrengend.

Ein paar mutige und unternehmungslustige Barmherzige Schwestern brechen zu Bettelreisen nach Österreich und Ungarn auf. „Ich habe zuvor nicht ganz begriffen, von welcher Bedeutung das Geld bei der Verwirklichung gottgefälliger Pläne ist", seufzt Pater Theodosius. „Rechnen war nie meine Stärke, und ich möchte angesichts der Not unseres Landes immer zu rasch voran, Frau Mutter! Zweifellos habe ich Ihnen in meinem Übereifer zuviel zugemutet." Mutter Maria Theresia winkt lächelnd ab. „Gewiss, es ging manchmal bis an die Grenzen meiner Kraft, aber ich habe keinen Augenblick daran gezweifelt, dass Ihnen Ihre Pläne von Gott eingegeben wurden. Um Ihnen dieses Vertrauen zu bezeigen, möchte ich auch einmal eine Bettelreise unternehmen. Schwester Philomena wird mich derweil vertreten."

Sie macht ihre Worte wahr und sammelt in München, in Augsburg, in Ulm und in Ravensburg Spenden für das Kreuzspital. Natürlich hat sie nicht immer Erfolg, wird stellenweise schroff oder spöttisch abgewiesen. Sie wird sogar einmal in einem wohlhabenden Handelskontor beschimpft: „Eine Nonne soll lieber arbeiten, als sich auf das bequeme Betteln zu verlegen!" Sie kehrt mit guten und bösen Erfahrungen und mit einer stattlichen Summe heim nach Chur. Nun weiß sie, was sie ihren Schwestern zumutet, wenn sie diese auf Bettelreisen schickt. Bisher hat sich keine der Ausgesandten über die Strapazen solcher Reisen bei ihr beklagt.

Am 23. April 1853 kann der große Umzug aus der Planaterra ins Kreuzspital stattfinden. Fuhrwerke transportieren die Einrichtung und schließlich die Patienten von einem Hospital zum andern. Für das größere Krankenhaus musste vieles neu angeschafft werden. Mutter Maria Theresia nimmt für sich nur ein bescheidenes Zimmerchen in Anspruch, wie es ihrer Vorliebe für Armut und Einfachheit entspricht. Sie dankt Gott dafür, dass nun besser für die Kranken und die Schwestern gesorgt ist.

Es ist nicht zuletzt ihrem Einfluss zu verdanken, dass sich das Ansehen des Kreuzspitals in der Stadt Chur rasch hebt. Sie organisiert den Pflegedienst straff, und sie vermag zugleich das Pflegepersonal für die Tätigkeit zu motivieren. „Was ist besser: dem Herrn zu Füßen zu sitzen oder ihn zu hegen und zu pflegen in den Kranken? Lernt, in den ärmsten Kranken unseren Herrn Jesus zu sehen, liebe Schwestern. Ihm dient ihr, wenn ihr einen Kranken versorgt! Jede Handreichung, die ihr aus Liebe tut, habt ihr dem Herrn getan."
Täglich überzeugt sie sich selbst von der Qualität der Nahrung und von der Sauberkeit der Krankenräume. Darüber vernachlässigt sie keineswegs ihre jungen Schwestern. Eine jede erfährt, wie sehr das Wohl und Wehe ihrer Person der Frau Mutter am Herzen liegt. Es ist ein gutes und wahrhaft schwesterliches Miteinander.

9

WIEDER AM SEE – INGENBOHL

Mutter Maria Theresia lässt ihren Blick über die weite Landschaft schweifen. Tief atmet sie die frische Luft ein. Die hohen Berge stehen wie treue Wächter um das silbern glänzende Rund des Vierwaldstättersees. In der Ferne in Richtung Luzern scheint die Wasserfläche mit einem Lichtband zu verschmelzen. Wie vertraut und wie schön ist das Land am See mit seinen stattlichen Dörfern, seinen grünen Weiden und seinen Wäldern! Für die Ordensfrau, die vor Jahren den See verlassen hat, ist es wie eine Heimkehr in das Land ihrer Jugend.

„Ich habe den Nigg'schen Hof oberhalb von Brunnen gekauft", hat ihr Pater Theodosius gesagt, als er sie aus einem Krankensaal im Kreuzspital von Chur geholt hat. „Sie wissen um meine Vorüberlegungen und meine verschiedenen Unternehmungen, die ich angestellt habe, um den Barmherzigen Schwestern vom Heiligen Kreuz ein Mutterhaus zu sichern. Unsere wachsende Gemeinschaft braucht einen Mittelpunkt für alle Schwestern, ein Haus der Ausbildung, für Exerzitien und die Verwaltung, und nicht zuletzt einen Sitz für die Generaloberin… Wehren Sie sich nicht länger gegen dieses Amt, Frau Mutter! In einer offiziellen Wahl werden Ihre Schwestern es Ihnen ohnehin übertragen…!" Schwester Maria Theresia ist bestürzt: „Und was sagt Mutter Maria Bernarda zu dem allem?"

Er hat sie unwillig angesehen. „Glauben Sie etwa im Ernst, ich hätte zuerst um Genehmigung nachgesucht? Mittlerweile hat sie mir zu erkennen gegeben, dass sie nicht mit der Doppelfunktion einer Kongregation einverstanden ist. Sie hat sich für die Schulschwestern entschieden. Nun gut – wir entscheiden uns dann für ein selbständiges Mutterhaus in Ingenbohl bei Brunnen. Machen Sie kein so betroffenes Gesicht! Menzingen hat sich gegen eine Verschmelzung von Schuldienst und Krankenpflege in einer Gemeinschaft gewehrt. Sie fürchten eine Beeinträchtigung der pädagogischen Arbeit durch die Caritas. Wir haben viele Kandidatinnen in Chur, und von Ingenbohl aus kann sich unsere Gemeinschaft ungehindert ausdehnen und viele Werke der Caritas in der Schweiz und im angrenzenden Ausland übernehmen."

Nach wie vor war Mutter Maria Theresia nicht ganz überzeugt. „Aber warum muss das sein, Pater Theodosius? Waren wir in Chur etwa keine treuen Töchter der Frau Mutter in Menzingen? Immer wieder habe ich ihr es brieflich versichert. Ich fühle mich Menzingen zutiefst verbunden. Könnten Sie als Gründer und geistlicher Vater unserer Gemeinschaft nicht weitgehend ihren Weg und die Entfaltung ihrer Tätigkeiten bestimmen?" „Theoretisch könnte und dürfte ich das, aber Mutter Maria Bernarda würde nicht mitziehen. Sie scheut das Risiko, das mit einem neuen Weg verbunden ist. Sie will Sicherheit."

Mit einem Male fröstelt die Ordensfrau auf dem Weg fort vom Seeufer. Eine große Wolke hat die Sonne bedeckt. Schatten über dem See, über Brunnen und Ingenbohl – auch über dem stattlichen Haus auf der Anhöhe, dem Nigg'schen Hof. Er schaut herab auf den

See und wirkt von weitem sehr eindrucksvoll, so als berge er bereits ein gut eingerichtetes Mutterhaus. Dabei ist auch dieses ohne finanzielle Absicherung begonnene Projekt erst in der Anfangsphase. Bis der Nigg'sche Hof wirklich zum Mutterhaus der Barmherzigen Schwestern vom Heiligen Kreuz geworden ist, wird es noch viel mehr Kraft und Einsatz kosten als beim Bau des Kreuzspitals. Gewiss, die Mauern stehen schon, aber innen herrschen chaotische Zustände…

Mit den hochfliegenden Plänen des rastlosen Paters Theodosius Schritt zu halten, das ist wahrlich keine Kleinigkeit und in jedem Falle ein echtes Wagnis! Mutter Maria Theresia hat es einige Male erfahren und manche Sorge und Not durchstehen müssen. Doch sie kennt seine edlen Motive, und sie ist nach wie vor bereit, sich in das Werk der Barmherzigkeit zu geben, so wie der kühne Diener Gottes es plant.

„Gottes Güte kennt keine Grenzen, wenn man ihn nur wirken lässt …" Diesen Gedanken liebt sie, und sie wird nicht müde, ihn ihren Schwestern nahe zu bringen. Sie lächelt ihrer Begleiterin zu. „Kommen Sie, Schwester, wir wollen in den Ort gehen und einkaufen. Mein Geldbeutel ist dank der Spende der beiden Fräulein Kaufmann heute ausnahmsweise gut gefüllt. Die Damen waren ganz begeistert, als sie hörten, dass wir ein Mutterhaus am Vierwaldstättersee einrichten werden. So wollen wir unseren tapferen Pionierschwestern einige Dinge mitbringen."

In der Bäckerei verdüstert sich das Gesicht der Bäckermeisterin, als sie die beiden Schwestern sieht. Bevor sie ihre Wünsche vortragen können, bemerkt sie schroff: „Kommen Sie, um Ihre Schulden zu bezahlen? Das wurde aber auch wirklich Zeit!" Ihre blasse Hand schiebt Mutter

Maria Theresia einen Zettel über die Theke. Dort steht sauber aufgelistet, was die Schwestern vom Nigg'schen Hof bisher auf Kredit bezogen haben. „Nichts für ungut, Schwester, aber unsereins muss ja auch leben. Der Müller gibt mir kein Gramm Mehl auf Kredit."

Rasch überfliegt Mutter Maria Theresia die bescheidene Liste, greift in ihre Börse und legt den geforderten Betrag auf den Ladentisch. Die armen Schwestern da oben! Wie viel Überwindung muss es sie gekostet haben, nicht einmal das tägliche Brot bezahlen zu können und auf Pump zu leben! Die Bäckersfrau legt das Geld rasch in die Lade. Erstaunt blickt sie auf, als die Schwester zwei Graubrote und zwei Weißbrote verlangt und sie sofort bar bezahlt. Von sich aus legt sie einige altbackene Brötchen hinzu. „In Milch gebrockt ergibt das eine kräftige Mahlzeit", erklärt sie freundlich. Die beiden Schwestern bergen Brote und Weggli in einem geräumigen Korb. Die Bäckermeisterin strahlt sie nun förmlich an, öffnet ihnen dienstfertig die Ladentüre. „Auf Wiedersehen, und nichts für ungut!" murmelt sie rasch. Sie möchte diese Kundschaft auf keinen Fall verlieren.

Mutter Maria Theresia und Schwester Johanna gehen zum Metzger, zum Gemüsehändler und zum Haushaltswarengeschäft. Überall müssen sie zuerst die Schulden begleichen, ehe sie gut bedient werden. Bald ist der Korb gefüllt. Im Haushaltswarengeschäft leiht ihnen der Besitzer zwei große Netze, damit sie noch Reinigungsmittel, Schwämme und Kernseife unterbringen können.

Unter der Last ihrer Taschen und Netze stapfen die beiden langsam bergan. Der schmale Weg ist ausgefahren, mit tiefen, teils wassergefüllten Karrenspuren und glatten, moosbewachsenen Steinen dazwischen. Es ist kein einfaches Gehen. Sie haben Mühe, mit ihrem

Gepäck voranzukommen. Der Atem geht rasch, ihre Schultern und Hände schmerzen.

Nach einer Weile ordnet Mutter Maria Theresia eine Pause an: „Wir wollen kurz verschnaufen, Schwester Johanna. Wir kommen besser nicht atemlos da oben bei unseren Schwestern an." Sie wischt sich den Schweiß von der Stirn und schaut umher: Disteln, Dornen und Schlamm – kein Plätzchen zum Absitzen. So wandern sie eine größere Strecke weiter, nachdem sie Atem geschöpft haben. Ihr Blick tastet den unebenen Weg ab, und vorsichtig setzen sie Fuß vor Fuß.

„Frau Mutter! Frau Mutter!" jubelt mit einem Mal ganz nahe bei ihnen eine junge Stimme. Sie heben die Köpfe. Eine Schwester mit weißem Schleier eilt ihnen entgegen. Ihre Schaufel liegt achtlos zu Seite geworfen im Gras. So wie sie ist, das lange Ordenskleid aufgeschürzt und eine Schürze vorgebunden, stürzt sie auf die Ankömmlinge zu. „Schwester Constantia", begrüsst Mutter Maria Theresia die strahlende Novizin und reicht ihr die Hand. „Wie schön ist es, Sie hier zu treffen! Sie können uns gewiss etwas behilflich sein..." Voller Eifer übernimmt Schwester Constantia den größten Teil des Handgepäcks. Sie führt den Besuch ins Haus. „Die Mutter ist da! Die Mutter ist da!"

Keine Glocke läutet zum Empfang, und dennoch spricht sich das Ereignis erstaunlich schnell herum. Lachend bleibt Mutter Maria Theresia in der Nähe des Eingangs stehen und begrüßt jede der herbeieilenden Schwestern mit echter Herzlichkeit. Die Freude der Schwestern lässt sie alle Mühsal der Reise von Chur nach Brunnen vergessen. Sie hat den größten Teil der Reise auf Schusters Rappen zurückgelegt um zu sparen.

In der ärmlichen Kapelle singen die Schwestern das Magnifikat. Gerührt betrachtet Mutter Maria Theresia das einfache Kreuz, das die Schwestern für den ersten Exerzitienkurs gebastelt haben: zwei gerade Äste, die überkreuz aneinander gebunden sind...

Nach dem Dankgebet ruft die Frau Mutter auf dem Gang die Küchenschwester zu sich. „Ihnen darf ich heute eine besondere Freude machen! Wir haben an der Pforte Körbe und Netze abgestellt. Nehmen Sie bitte die Lebensmittel an sich und bereiten den Schwestern für heute Abend ein besonders gutes Essen. Sie brauchen dabei nicht zu sparen. Wir haben reichlich eingekauft!" Schwester Lidwina, die Hausoberin, blickt sie erstaunt an und fragt zaghaft: „...und man hat Ihnen in Brunnen alles ohne weiteres gegeben, Frau Mutter?" „Oh ja, Schwester Lidwina, man war sehr bemüht, uns zufrieden zu stellen, nachdem wir die Schulden beglichen hatten... Ihr habt nun in Ingenbohl und Brunnen wieder Kredit, aber wir wollen nach Möglichkeit bar bezahlen und keine Schulden machen. Nein, das ist kein Vorwurf! Ich weiß um Eure Notlage, aber Ihr hättet sie mir eindringlicher schildern müssen!

Ihr kennt ja unseren guten Pater Theodosius. Er hat für die materielle und finanzielle Situation kein Gespür. Er hat den Ernst euer Lage völlig verkannt und mir nur begeistert von Eurem selbstlosen Einsatz erzählt, von eurem geradezu heroischen Kampf gegen Schutt, Schmutz, Ungeziefer, Ratten und Mäuse. Er war restlos begeistert, wie Ihr die Voraussetzungen für den ersten Exerzitienkurs geschaffen habt. Er wird es Euch sicher selbst gesagt haben, nicht wahr?"

Mit stillem Lächeln erzählt die Oberin des Hauses von den beinahe dramatischen Anfängen im Nigg'schen Hof. „Wir mussten fast alles bei gutwilligen Nachbarn leihen, sogar Besen und Schaufeln. Die Leute staunten nur so, wie hart die Schwestern arbeiten können. Nach kurzem Zögern halfen sie uns sogar und karrten tagelang Schutt aus dem Gebäude – um Gotteslohn! Trotz aller Schwierigkeiten bewahrten wir die Zuversicht, dass hier einmal unser Mutterhaus stehen würde, denn wir waren einig im Arbeiten und im Beten. Am Abend gönnten wir uns zur Erholung stets einen ausgiebigen Blick auf den See." Mutter Maria Theresia nickt voller Verständnis. „Ja, liebe Schwester, der See spricht seine eigene Sprache. Wer die versteht, vernimmt daraus auch die Stimme des gütigen Gottes..."

An diesem Abend ist der Tisch der Schwestern mit allerlei Köstlichkeiten gedeckt. Für alle gibt es Gemüsesuppe und dazu frisches Brot, Butter, Käse und sogar Wurst. Für jede Schwester ist ein Ei da. Frische Milch oder Kräutertee werden in die Tassen gefüllt.
Auf Wunsch der Besucherin ist es ein geselliges Beisammensein. Das Stillschweigen ist aufgehoben, und Schwester Lidwina berichtet weiter über die Schwierigkeiten des Anfangs: „Ob das wohl lange Bestand hat, was die paar Schwestern da oben versuchen? Der Nigg'sche Hof war doch schon lange nur noch ein Quartier für Fledermäuse und Ratten!", so meinten anfangs die Leute in Ingenbohl und Brunnen. „Sie kamen neugierig herbeispaziert und überzeugten sich mit eigenen Augen, dass wir nicht so leicht aufgaben."
„Ihr habt in der schwierigen Anfangszeit gezeigt, dass in dieser Armut der Geist unseres Vaters Franziskus

lebendig ist", stellt Mutter Maria Theresia fest. „Die Herrin Armut ist mit euch eingezogen."
„Sie hat uns bis jetzt nicht verlassen, Frau Mutter! Sie werden ihr in Ihrem Zimmerchen bereits begegnet sein...!"

Die Schwesterngemeinschaft sitzt lange Zeit zusammen. Mutter Maria Theresia berichtet von den Mitschwestern und deren Patienten im Kreuzspital: „Es genießt mittlerweile einen so guten Ruf in Chur, dass sich auch zahlungskräftige Bürger bei uns pflegen lassen. Das ist uns natürlich eine willkommene Hilfe für den Dienst an den Armen. Ihr wisst, dass Pater Theodosius nicht auf der Stelle tritt, so greift er begeistert jede Nachfrage nach unseren Schwestern auf und gibt ohne zu zögern eine Zusage. Manchmal muss ich ihn bremsen, denn es gibt auch Grenzen unserer Verfügbarkeit, zum Beispiel wenn die jungen Schwestern nicht genügend geschult sind, um sich ganz allein und auf sich gestellt zu bewähren. Auf den vielen Bettelreisen durch Österreich und Baden bekam ich selbst oft die Bitte vorgetragen, wir möchten eine Tätigkeit übernehmen. Meist betraf die Anfrage ein Armenhaus. Es sind ja meist gleichzeitig Häuser für Behinderte und geistig Gestörte, für straffällig gewordene und für verwahrloste Kinder und Jugendliche. Natürlich versagen wir uns dort nicht, wo wir helfen können. Wir geben auch Unterricht in einigen Dorf- und in Industrieschulen. Pater Theodosius erkennt mit begnadeter Klarheit die Nöte unserer Zeit: Unter der Arbeiterschaft in den Fabriken herrschen menschenunwürdige Zustände. Die Arbeitsbedingungen sind miserabel, der Lohn zum Sterben zwar zu viel, aber zum Leben viel zu wenig! Mancher Fabrikherr bereichert sich dadurch, dass er viel fordert und wenig gibt. In den Spinnereien und Webereien arbeiten auch kleine Kinder bis zu zwölf Stunden am Tag."

Eine junge Schwester meint zaghaft: „Es muss furchtbar sein, all die Not zu sehen und wenig tun zu können, um ihr abzuhelfen! Ach, ich kann Pater Theodosius verstehen!" Mutter Maria Theresia blickt ernst in das schmale Antlitz unter der dunklen Haube. „Sie haben Recht, Schwester Mathilde. Aber wir müssen auch an das Wohl unserer Schwestern denken, ehe wir sie einsetzen. Keine soll so überfordert werden, dass die Arbeit ihr den Sinn für das religiöse Leben raubt. Man kann die Arbeit zum Gebet machen, aber man kann nicht alles Gebet in Arbeit umwandeln. Eine Grenze ist uns auch dort gesetzt, wo die Schwestern sittlichen Gefahren ausgesetzt wären. Sonst folgen wir jedem Ruf, den wir wahrnehmen können und dürfen – und das im Vertrauen auf Gottes gnädige Hilfe. Er ist es, der uns ruft. Seine Güte und Barmherzigkeit kennt keine Grenzen. Das haben wir ja auch bei dem schweren Neubeginn im Nigg'schen Hof erfahren dürfen. So! Nun wollen wir aber dem Herrn die Ehre geben!"

Nach der gemeinsamen Komplet ziehen sich die Schwestern schweigend zurück. Mutter Maria Theresia kniet noch lange vor dem einfachen Tabernakel und legt das Tagesgeschehen und die Menschen, die ihr begegnet sind, in Gottes Hand. Vor der Kapelle wartet Schwester Lidwina auf sie und reicht ihr eine brennende Kerze. Sorgsam schirmt sie die Kerze mit der Hand ab, ehe sie treppauf zu ihrer Kammer steigt. Sie ist rechtschaffen müde und freut sich auf eine erholsame Nachtruhe. Morgen wird sie das Haus besichtigen und später mit jeder Schwester sprechen und sich ihre Nöte und Anliegen zu eigen machen. Sie ist froh und dankbar, in Ingenbohl eine einige und zukunftsgerichtete Gemeinschaft vorgefunden zu haben. Sie stellt die Kerze auf den kleinen Tisch. Ihre Gedanken wandern wie so oft nach Menzingen. „Wäre Mutter Maria Bernarda doch bereit, den Plänen unseres Stifters zuzustimmen und die Schulschwestern mit dem Zweig der Armen- und Krankenfürsorge zu vereinen! Wie oft habe ich ihr in diesem Sinne geschrieben und sie meiner Liebe versichert. Aber es hat leider den Anschein, als ob die endgültige Trennung unvermeidlich sein wird."

Sie seufzt und fährt sich mit der Rechten über die schmerzende Stirn. Sie braucht frische Luft. Mühsam öffnet sie das kleine Fenster und atmet die kühle Nachtluft ein. Sie will sich wieder dem Raum zuwenden, da bemerkt sie den Lichtschein, der aus einer Luke im Keller des Hauses auf den Hofplatz fällt. Nanu, sollte da eine Schwester noch so spät in der Nacht bei der Arbeit sein? Da kann etwas nicht mit rechten Dingen zugehen! Manches Schwesterngesicht war bereits beim gemeinsamen Abendessen grau vor Müdigkeit. Hat die Schwester da unten etwa die fixe Idee, die durch das lange Sitzen bei Tisch versäumte Zeit in der Nacht nachzuholen? Das darf nicht sein! Da muss sie unbedingt nach dem Rechten sehen. Sie wird die übereifrige Schwester zu Bett schicken.

Mit der flackernden Kerze in der Hand steigt sie die Treppe hinab. Die alten Holzbohlen ächzen und stöhnen unter den raschen Schritten der Mutter. Vom Erdgeschoss begibt sie sich vorsichtig in den Keller. Durch den Spalt unter der Tür dringt ein Lichtschein. Sie lauscht. Ja, sie vernimmt ein Platschen und ein Gießen.

Behutsam öffnet sie die Türe. Über einen großen Trog gebeugt zieht eine Schwester ein Wäscheteil aus der Lauge, wringt es aus, um es dann in einen zweiten Zuber mit klarem Wasser fallen zu lassen.

„Was tun Sie denn noch mitten in der Nacht in der Waschküche, Schwester?" Obwohl Mutter Maria Theresia ihre Frage sanft gestellt hat, zuckt die Schwester zusammen und lässt das zusammengedrehte Wäschestück mit einem lauten Platschen zurück in die Lauge fallen. Über und über ist der gefließte Boden mit dem schmutzigen Seifenwasser bespritzt, auch die beiden Schwestern haben einiges abbekommen. Verdutzt blickt die Ertappte auf die Bescherung. „Frau... Frau Mutter!" stammelt sie, ihre Wangen röten sich noch mehr. Diesmal ist es nicht wegen der schweren Arbeit.

„Weiß Schwester Lidwina von Ihrer nächtlichen Tätigkeit?" forscht Mutter Maria Theresia. „Nein, Frau Mutter, ich habe ihr nichts gesagt, ich meinte nur... ich dachte nämlich, dass die Wäsche nicht länger in der scharfen Lauge bleiben darf. Sie war zuvor besonders verschmutzt von Mörtel und Lehm...", gesteht die Wäscherin zerknirscht. „Vergessen wir Ihr eigenmächtiges Vorgehen. Sie haben es gut gemeint. Aber ich befehle Ihnen", und jetzt klingt ihre Stimme hart und streng, „...sich sofort und ohne Widerrede zur Ruhe zu begeben!"

Ein Aufatmen. Von der Güte der verehrten Schwester gerührt, wagt die Novizin kaum aufzublicken, und mit einem geflüsterten ‚Danke, Frau Mutter!' entfernt sie sich gehorsam. Mutter Maria Theresia wirft einen kurzen Blick in den Bottich. Dann stellt sie ihre Kerze ab, streift die Ärmel des Ordensgewandes bis zu den Ellbogen zurück und nimmt eine Schürze vom Haken. Sie zieht ein Wäschestück nach dem anderen aus der Gelte und beginnt zu wringen…

Mit der Kerze in der Hand steigt sie ganz langsam treppauf zu ihrer Kammer. Das Fenster steht noch offen. Der erste Schimmer erwachenden Tages liegt über Land und See. Die Vögel im Gebüsch rund um den Nigg'-schen Hof stimmen schon ihre Morgenlieder an.

Trotz der durchwachten Nacht widmet sich Mutter Maria Theresia den ganzen Tag mit Hingabe den Schwestern und den Problemen im großen Anwesen. Eigentlich haben die Schwestern nur den allerersten Anfang bei der Einrichtung des Mutterhauses machen können. Vieles muss noch aus- und umgebaut werden. Ein Nutzgarten wird unentbehrlich sein, doch dazu müssen Geräte und Werkzeuge angeschafft werden. Auch in der Küche und an vielen anderen Orten fehlt das Nötigste. Die finanziellen Möglichkeiten reichen einfach nicht, auch wenn sie alles wieder und wieder durchrechnet. Die Schwesternzimmer sollen zwar einfach und arm sein, aber es darf nicht so weit kommen, dass eine Schwester wegen der vielen Entbehrungen zu Grunde geht. Außerdem braucht das Haus unbedingt eine Krankenstation mit einer gut ausgestatteten Apotheke…

Angesichts der Überfülle von Problemen, die scheinbar nicht zu lösen sind, müsste die junge Frau Mutter verzweifeln, doch sie stützt sich auf den Helfer, auf den immer Verlass ist. „Gottes Güte kennt keine Grenzen", lautet das Grundmotiv ihrer Gespräche mit den Schwestern. Einen Dank für ihre Nachtarbeit in der Waschküche lehnt sie freundlich und kategorisch ab. „Wir sind alle füreinander da!"

10

SEINER ZEIT VORAUS

Im Laufe der Jahre ist aus dem Sonnenkind von Meggen eine starke und in sich gefestigte religiöse Persönlichkeit geworden. Sie besitzt die guten Eigenschaften einer Führernatur, kann organisieren, meistert immer wieder neu die durch die kühnen Neugründungen des Paters Theodosius anfallenden Probleme. Dagegen möchte Mutter Maria Bernarda die von ihm gewiesenen neuen Wege nicht beschreiten. Sie fürchtet, dass seine hochfliegenden Pläne realitätsfremd sind und ihrer Gemeinschaft ein zu großes Risiko auferlegen. Sie veranlasst, dass Menzingen der Zuständigkeit des Paters Theodosius entzogen wird. Die Trennung von Chur ist damit vollzogen.

Mutter Maria Theresia leidet darunter, sie wird aber keinen Augenblick schwankend in ihrer Treuepflicht gegenüber Pater Theodosius. Dabei ist es für sie nicht leicht, mit der Fülle der Ideen und Pläne Schritt zu halten, die sein unermüdlicher Tatendrang zum Wohl der Menschen ihm immer wieder eingibt.

„Sie müssen uns mehr Zeit lassen, Wurzeln zu schlagen, das religiöse Leben zu vertiefen und das Gemeinschaftsleben zu pflegen, ehe Sie wieder Schwestern für eine neue, weit entfernte Niederlassung anfordern", mahnt sie ihn besorgt. „Unsere jungen Schwestern müssen in Ingenbohl ihre Klosterheimat haben, bevor sie sich auf die Reise zu einem der neuen Häuser begeben.

Wir wollen keinen einzigen Ordensberuf durch Übereifer gefährden."

Lächelnd stimmt Pater Theodosius zu. Sein Antlitz ist jetzt hager, sein Barthaar weiß, doch in seinen Augen brennt das gleiche Feuer der Begeisterung, das sie seinerzeit bei ihrer ersten Begegnung in Altdorf gesehen hat. Auch das schmerzliche Erlebnis der Trennung von Menzingen hat dies Feuer nicht gemindert. „Ja, ich weiß ein treffliches Mittel, wie die jungen Schwestern in den auswärtigen Niederlassungen in ihrem Beruf gefestigt werden können: Das ist der häufige Besuch der Frau Mutter – sie wird jeder ihrer Töchter zeigen, dass sie ihr Wohl und Wehe im Herzen trägt."

Mutter Maria Theresia sieht ihn ernst an und meint dann: „Die Frau Mutter verbringt zu viele Tage und Nächte mit der Durchsicht und Addition der Rechnungen. Sie weiß oft nicht, woher sie die Mittel nehmen soll, um in Ingenbohl die neuen Baumaßnahmen zu finanzieren. Die meisten unserer Häuser im In- und Ausland sind zu arm, um den Lebensunterhalt der Schwestern zu sichern. Wir arbeiten für die Armen, von denen wir nichts verlangen können, und die Gemeinden oder Pfarreien zahlen nur unzureichenden Unterhalt für unsere Schwestern. Ich kann nicht zulassen, dass es meinen Schwestern an Schuhwerk, an Kleidung und Nahrung fehlt. Meine Geldbörse leidet an chronischer Schwindsucht! Wie schmerzlich ist es mir, wenn ich einen Hilferuf von auswärts nicht mit einer Gabe beantworten kann! Ich stehe da mit leeren Händen, muss hinhalten und vertrösten, statt spontan und großzügig geben zu können."

Nachdenklich betrachtet er ihr bekümmertes Gesicht. „Bereuen Sie etwa, mir auf dem gefahrvolleren Weg gefolgt zu sein, Frau Mutter? Nein, das tun Sie nicht. Haben sich uns zudem nicht stets neue Quellen aufgetan, wenn uns die Wüste gar zu trostlos schien?" „Das stimmt, aber..." Er unterbricht sie rasch. „Von Ihnen, Frau Mutter, will Gott kein ‚Aber'. Er will Ihr Herz, vorbehaltlos und unwiderruflich geschenkt. Unsere Gemeinschaft ist ein Werk seiner Barmherzigkeit. Gott lässt das kleine Senfkorn weiter wachsen, bis es in vielen Ländern verwurzelt zum Baum wird. Ich weiß, dass Sie trotz aller natürlichen Bedenken großes Vertrauen zu ihm haben. Geben Sie dieses Gottvertrauen vor allem an ihre Schwestern weiter.

Unsere Gemeinschaft ist für Ihre Schultern ein schweres Kreuz, aber Sie werden auch seinen Segen erfahren. Das ist Ihr Anteil an diesem Werk – wahrhaftig, er ist nicht leicht. Ich selber werde mich wieder auf eine längere Bettelreise begeben." Er strafft seine Gestalt und blickt eine Weile auf seine Hände nieder. Sie sind mager und knochig geworden. Die blauen Adernstränge treten deutlich hervor.

„Wollen Sie nicht noch für eine Weile in Ingenbohl bleiben, Pater Theodosius? Sie hätten die Erholung bitter nötig. Das milde Klima hier am See täte Ihnen gut, und wir Schwestern würden uns freuen, wenn Sie noch eine Weile bei uns blieben."

„Sie könnten mich in Versuchung führen, meine Reisepläne zu verschieben, Frau Mutter. Das Klima hier am See und bei Ihnen im Haus tut mir in jeder Weise gut, aber ich muss einfach weiter voran. Es gibt unendlich viel zu tun, und ist unser Leben nicht ohnehin eine ständige Wanderschaft?"

Er erhebt sich. „Morgen früh breche ich auf und werde sicher längere Zeit nicht mehr zu Ihnen kommen können. Ich werde regelmäßig schreiben, und wenn ich irgendwo Ihre Schwestern antreffe, spiele ich gerne Bote."

In der Nacht schreibt Mutter Maria Theresia einige Briefe, die sie dem Pater mitgeben will: „Noch kommt nur ein Brieflein zu Ihnen, liebe Schwestern, doch es drängt mich, Sie bald wieder zu besuchen. Noch werde ich in Ingenbohl gebraucht. Wie Sie wissen, geht hier das Bauen weiter. Ich komme aber, so bald als irgend möglich, zu Ihnen..." Sie seufzt leise und blickt auf das Kreuz über ihrem Schreibtisch. Sie müsste sich vervielfältigen können, um überall gleichzeitig zu sein. Die Schwestern in den Niederlassungen brauchen ihre Unterstützung in den vielen Aufgabenbereichen: in den Armenhäusern, in den Spitälern, in den Bewahranstalten, in den Arbeits- und Nähschulen in der Schweiz, in Österreich und in Deutschland. ‚Frau Mutter', das ist und soll nicht nur ein Ehrentitel sein. Sie will wirklich eine Mutter für die Schwestern sein. Aber wird sie mit Gottes Hilfe je von sich sagen können: „Ich bin allen alles geworden, um alle für Christus zu gewinnen?"
Über See und Bergen wird der Himmel heller, als sie die Feder zurück in die Schachtel legt und die Kerze löscht...

In den böhmischen Landen stürmt und regnet es. Fahle Dämmerung lastet über dem gebirgigen Land. Die Wälder sehen undurchdringlich, schwarz und drohend aus. Der Dorfbach gurgelt und schäumt. Schon droht er über die Ufer zu treten. Die schmale Straße ist unbefestigt, verschlammt und uneben. Am Straßenrand ducken sich niedrige Holzhäuser. Ihre Vorgärten sind durch brüchige Holzzäune abgegrenzt. In den Fenstern der Häuser sind manche Scheiben schadhaft oder ganz mit Brettern vernagelt.

Von irgendwo her strömt der widerliche Geruch einer Gerberei und setzt sich in den Mauern fest. In einiger Entfernung quillt eine dicke Wolke graugelben Rauchs aus einem Fabrikschornstein und senkt sich träge auf den kleinen Ort.

„Das ist nun also Oberleutensdorf." Trostlos und verlassen wirkt die Siedlung auf den Mann mit den abgetragenen Schuhen und dem schütteren Haar. Der einsame Wanderer ist Pater Theodosius Florentini. Die Erschöpfung steht ihm ins Gesicht geschrieben. Er ist müde von der langen, strapaziösen Reise und von den vielen Reden, die er unterwegs führen musste, um für die Sache der Barmherzigen Schwestern vom Heiligen Kreuz zu werben und zu betteln. Nicht jedes der Gespräche brachte den gewünschten Erfolg. In manchem Herrenhaus wurde er barsch abgewiesen.

Welche Kraft lässt den Pater immer aufs Neue diese Erniedrigung ertragen? Doch meistens zeigen die Reichen sich aber doch aufgeschlossen für sein Anliegen und spenden gerne. Sein Geldbeutel unter dem durchnässten Umhang ist schwer und gut gefüllt. Wie wird sich Mutter Maria Theresia freuen, wenn er ihr die stattliche Summe überreichen kann! „Ich mute ihr viel zu, dieser tüchtigen Ordensfrau mit dem weiten und mütterlichen Herzen. Sie wagt immer wieder neue Schritte, auch wenn ich ihr keine Sicherheit bieten kann. Wenn sie zögern oder sich verweigern würde, wäre die Gründung vieler Niederlassungen unmöglich gewesen.

Irgendwie hat der Herr mich dies bereits bei unserem ersten Gespräch in Altdorf spüren lassen, dass in dem ‚Sonnenkind von Meggen' eine groß angelegte Persönlichkeit steckt. Die Trennung von Menzingen bleibt schmerzlich, aber eine solche Gefolgschaft lässt sich nie erzwingen..." Während dieses Selbstgespräches hat er sorgfältig und etwas mühsam die Pfützen umrundet. Beinahe wäre er am Ziegelhaus neben der Kirche vorbeigelaufen. Er atmet auf und bleibt stehen. Ja, das muss das Pfarrhaus sein. Er stapft die drei Treppentritte empor und greift eifrig nach dem Türklopfer.

„Ja...! Ich komm' ja schon", ruft eine schrille Frauenstimme. „Nur Geduld!" Langsam wird die grüne Türe geöffnet. Sie bräuchte dringend einen neuen Anstrich. Eine ältere Frau blickt durch den Türspalt. „Wir kaufen nichts!" murrt sie ablehnend. „Warten Sie, gute Frau! Ich bin ein Reisender in Sachen Jesu Christi!", ruft Pater Theodosius schnell, weil sie die Türe bereits wieder schließen will. Misstrauisch sieht die ältere Frau im Kattunkleid ihn an. Graues, etwas wirres Haar hängt in Strähnen um ihr faltiges Gesicht, „Reisender in Sachen Jesu Christi?" wiederholt sie gedehnt und mit gerunzelter Stirn. Von oben bis unten mustert sie den seltsamen Vertreter. „Ach so, Sie sind der Ordensmann, von dem Pfarrer Habel gesprochen hat. Mit Ihrem Rucksack und dem regennassen Umhang sehen Sie aber auch reichlich seltsam aus!" Sie hat Recht.

„Ich bin Pater Theodosius Florentini aus der Schweiz", sagt er freundlich. „Mein Kommen war mit Pfarrer Habel abgesprochen." „Ja, natürlich! Entschuldigen Sie bitte, dass ich Sie warten ließ! Ich bin Walburga Reutner, die Pfarrhaushälterin. Kommen Sie bitte rasch ins Trockene, Herr Pater! In der Küche ist es schön warm.

Gewiss können Sie einen starken Kaffee vertragen – und ein Stück Gugelhupf! Oder wäre Ihnen Kaiserschmarren lieber? Ich habe auch noch Apfelstrudel da...!" Nun ist die alte Frau ganz eifrige Gastgeberin. Pater Theodosius schält sich aus seinem durchweichten Umhang und tritt händereibend in die niedrige, gemütliche Küche. Jetzt erst merkt er, wie müde und durchfroren er ist nach der langen Holperfahrt mit der Postkutsche und dem Fußmarsch durch die böhmischen Wälder.

Frau Walburga stochert emsig im Herd. Das Feuer flackert auf. Sie mahlt Kaffee in einer alten Kaffeemühle, die bei jeder Umdrehung mit leisem Kreischen protestiert. Verlockender Duft zieht durch den Raum. Behende deckt Frau Walburga den Tisch, und bald kann Pater Theodosius sich ausgiebig stärken. „Oh, ich habe Ihnen vor lauter Eifer nicht ausgerichtet, was der Herr Pfarrer mir für Sie aufgetragen hat! Er wurde zu einem Sterbenden gerufen. Er lässt Sie herzlich grüßen! Sie möchten tüchtig vespern und es sich gemütlich machen." Dankbar schaut Pater Theodosius auf den reich gedeckten Tisch. Hat da nicht eben sein ausgehungerter Magen deutlich vernehmbar geknurrt? „Danke für alles, was Sie mir Gutes taten, Frau Walburga! Möchten Sie nicht auch etwas zu sich nehmen?" „Leider habe ich oben noch was zu richten", meint sie bedauernd und verlässt den Raum.
Pater Theodosius lehnt sich zurück. Die wohlige Wärme in der Küche könnte ihn dazu verführen, die Augen zu schließen. Er reibt sie mit den Handknöcheln und schenkt sich eine dritte Tasse Kaffee ein. Pfarrer Habel von Oberleutensdorf soll seinen Gast nicht schlafend antreffen.

Geräuschvoll dreht sich der Schlüssel im Schloss der Haustüre. Mit einem Schwall feuchter und kühler Luft tritt Pfarrer Habel in die Küche. „Wie freue ich mich, dass Sie endlich gekommen sind, mein lieber Pater Theodosius! Ich habe Sie schon sehnsüchtig erwartet!" Er schüttelt dem Confrater im Ordensstand die Rechte. Er strahlt über das runde Gesicht und wischt sich mit einem Taschentuch ein paar Regentropfen von der Stirn. Dann zieht er sich einen Stuhl heran und gießt Kaffee in einen bauchigen Becher. „Wie war Ihre Reise ins Sudetenland? Ich bin ja so froh, dass Sie heil und gesund angekommen sind... so froh!"

Während er an einem Stück Gugelhupf kaut, verändert sich langsam sein bisher so fröhlicher Gesichtsausdruck. Das Antlitz des Priesters wirkt nun um Jahre älter, ernst und besorgt. „Darf ich Ihnen vielleicht zuerst berichten, wie ich überhaupt darauf gekommen bin, Ihnen zu schreiben, Pater Theodosius? Durch einen Mitbruder habe ich gehört, dass Sie in der Schweiz Fabriken aufkaufen wollen. Sie wollen darin die Kinderarbeit abschaffen, den Arbeitern einen gerechten Lohn auszahlen und ihnen sogar Anteil am Gewinn verschaffen. Das ist überaus kühn vorausgedacht, denn die junge Industrie floriert weltweit nur durch die Ausbeutung der Arbeiter. Die Fabrikherren werden reich, weil sie menschliche Arbeitskraft ausnutzen, und zwar ohne entsprechende Bezahlung. Die billigsten Arbeitskräfte sind sogar kleine Kinder... Aber entschuldigen Sie! Ich rede und rede und Sie kommen gar nicht zu Wort! Das Thema erregt mich immer aufs Neue. Wissen Sie, ich bin ehemaliger Weber und habe das ganze Elend am eigenen Leib erfahren. In unserer Wolltuchfabrik hier in Oberleutensdorf ist es nicht anders. Aber wie haben Sie sich die Übernahme und Leitung einer solchen Fabrik konkret gedacht?"

Endlich muss der Pfarrer Atem schöpfen. Mit Ruhe und Klarheit trägt Pater Theodosius ihm seinen Plan vor. „Die Barmherzigen Schwestern vom heiligen Kreuz zu Ingenbohl würden die eigentlichen Inhaberinnen der Fabrik. Sie, Herr Pfarrer, würden der Direktor. Sie sind ja schließlich ein Fachmann in der Weberei. Vorbehaltlich der Zustimmung der Frau Mutter in Ingenbohl zu unserem Projekt würde ich Ihnen Schwestern für die Buchhaltung und andere Büroarbeiten und für die Einrichtung einer Arbeitsschule schicken. Wir würden dann gemeinsam die Reformen durchführen, die ich auch in unseren Fabriken in der Schweiz begonnen habe: Wir schaffen die Kinderarbeit ab und führen geregelte Arbeitszeiten für Arbeiterinnen und Arbeiter ein. Sie sollen auch vor plötzlicher Kündigung geschützt sein, wenn sie vielleicht krank werden, und bei gutem Erfolg des Unternehmens sollen sie am Gewinn beteiligt werden.

Die Schwestern können sich der Kinder und Jugendlichen in einer Elementarschule und einer Arbeitsschule annehmen und bei der Vorbereitung zur Erstkommunion helfen... Bestimmt übertragen Sie ihnen noch andere Aufgaben im kirchlichen Bereich. In diesen Ordensfrauen werden Sie gute Mitarbeiterinnen haben. Sie setzen sich überall hingebungsvoll ein und sind für sich persönlich anspruchslos."

Pfarrer Habel ist glücklich. „Mir fällt ein Stein vom Herzen, Pater Theodosius. Wie oft war mir in all den Jahren das Herz schwer, wenn ich hilflos auf die Not unserer Fabrikleute schauen musste! Ich hatte und habe aber nicht die Mittel, ihnen zu helfen. Im Generalvikariat hat man auf meine dringenden Bitten hin die Achseln gezuckt und gemeint: ‚Ihre Ideen in Ehren, lieber Pfarrer Habel, aber die Kirche kann es sich nicht leisten, sich gegen die Zeitentwicklung zu stellen. Vielleicht lässt sich später einmal etwas machen, wenn die Industrialisierung weiter fortgeschritten ist. Sie denken Ihrer Zeit, oder richtiger unserer Zeit, weit voraus'"

Pater Theodosius nickt. „Ähnliches habe ich schon zu hören bekommen, dass ich der Zeit voraus sei und so… Ehrlich gesagt, ich habe bei meinen Unternehmungen und Reformen bereits innerhalb der von mir gegründeten Schwesterngemeinschaft gegen Skepsis anzukämpfen. Aber verlassen Sie sich darauf: Oberleutensdorf wird geholfen!"

Mutter Maria Theresia ist mit sich selbst uneins. Sie wehrt sich entschieden gegen den Plan, die Tuchfabrik in Oberleutensdorf zu übernehmen: „Ich verkenne keineswegs Ihre guten Absichten und die großartigen Ideen, die Ihrem Plan zu Grunde liegen, Pater. Sie wollen durch die Übernahme der Fabrik den Armen Arbeit und Verdienst verschaffen, den christlichen Glauben in die Fabrik tragen, den Gewinn für gute Zwecke zu verwenden und außerdem die Arbeiter am Gewinn zu beteiligen. Sie haben die besten Absichten der Welt! Vielleicht ließe sich ein solches Wagnis mit Hilfe ausgebildeter kaufmännischer Kräfte gewinnen. Die Barmherzigen Schwestern sind auf diesem Gebiet nicht beschlagen. Wie sollen sie einen solchen Betrieb gewinnbringend leiten? Bitte, geben Sie diesen Plan auf! Wir könnten sonst scheitern und mit einem neuen Schuldenberg dastehen."

Mit einer gereizten Geste fegt Pater Theodosius ihre berechtigten Einwände unwillig beiseite. Er starrt sie mit zusammengezogenen Brauen an. „Sie enttäuschen mich, Frau Mutter! Wo ist die risikofreudige, zukunftsorientierte und mutige Ordensfrau geblieben, die um Gottes willen zu jedem Wagnis bereit war? Auch im Leben einer klösterlichen Gemeinschaft ist Stillstand gleichbedeutend mit Rückgang. Wir können die Welt für Christus nur gewinnen, wenn wir vorrücken. Bezwingen Sie Ihren Kleinmut und geben Sie mir Schwestern für die Tuchfabrik in Oberleutensdorf!"

Obwohl Pater Theodosius sein Ziel hartnäckig verfolgt, bleibt Mutter Maria Theresia bei ihrer zögernden und mehr und mehr ablehnenden Haltung. Sie hat bei diesem Projekt ein ungutes Gefühl. Ihr klarer Verstand sagt Nein dazu, während das Herz dem Stifter nachgeben möchte. Sie ist ihm stets in Treue gefolgt und hat alle Risiken mit ihm getragen: Planaterra – Kreuzspital – Ingenbohl… „Ja, in Ingenbohl, da stecken wir auch noch mitten im Bauen!" denkt sie und fragt sich besorgt, wie viel Geld allein das Mutterhaus noch verschlingen wird, bis es ausgebaut ist.

„Pater Theodosius, Sie haben mir die Sorge für die Barmherzigen Schwestern anvertraut. Ich nehme dieses Amt, das mir in freier Wahl von den Schwestern bestätigt worden ist, überaus ernst. Immerhin haben wir mittlerweile in 114 Niederlassungen 290 Professschwestern und 100 Kandidatinnen. Es gibt für mich nicht nur geistlich-religiöse Pflichten gegenüber jeder einzelnen Ordensfrau. Ich muss dafür Sorge tragen, dass sie auch in alten und kranken Tagen im ökonomischen Bereich abgesichert sind. Haben wir nicht oft genug von der Hand in den Mund gelebt? Und müssen Sie, Herr Pater, und einige unserer Schwestern dazu, sich nicht auf Bettelreisen damit abplagen, die nötigen Mittel zu be- schaffen...?"

Jetzt wird es dem impulsiven Kapuziner zu viel. Er unterbricht sie unwirsch und donnert: „Ich bleibe dabei, dass Sie sich verändert haben, Frau Mutter! Und ich bestehe darauf, dass Sie mir geeignete Schwestern für Oberleutensdorf geben!"

Ohne eine versöhnliche Geste oder ein Wort des Segens verlässt er das Sprechzimmer. Zuerst sitzt Mutter Maria Theresia wie gelähmt. Warum ist der Pater keinen Vernunftsgründen zugänglich, wenn es um die Fabriken geht? Sie kämpft gegen das Gefühl der persönlichen Kränkung, kann aber nicht verhindern, dass unwillkürlich ein schmerzlicher Gedanke in ihr hochsteigt: „Könnte Mutter Maria Bernarda am Ende doch Recht gehabt haben, als sie sich zum Erhalt der Menzinger Gemeinschaft von Pater Theodosius getrennt hat?"

Es klopft. Eine Schwester möchte sie sprechen. „Könnten Sie bitte in einer Viertelstunde wiederkommen?" bittet sie mit verstörtem Gesicht. „Ich muss unbedingt zur Kapelle!" Eilig hastet sie durch den Flur zum bescheidenen Gotteshaus. Sie ist aufgewühlt, die Füße scheinen über wackeligen Steinen zu schwanken. Wie getroffen sinkt sie vor dem Kreuz in die Knie und birgt das Gesicht in den zitternden Händen. Dann erzählt die Schwester wie ein Kind seinen Eltern dem Herrn und seiner Mutter von ihrem Konflikt und bittet um Rat und Weisung. „Herr, was willst du, was ich tun soll?" Langsam wird es in ihrem Innern stiller. Der Sturm verebbt. „Bleibe in der Treue! Gehe den schweren Weg, auch wenn es ein Kreuzweg sein wird. Deinem Institut wurde das Kreuz nicht nur dem Namen nach gegeben.

Wisse: Ich bin bei dir alle Tage." So vermeint sie die Stimme des Gekreuzigten in ihrem Herzen zu vernehmen, und dieser Stimme folgt sie.

Pater Theodosius ist rührend in seiner Dankbarkeit, als er aus ihrem Munde hört, dass sie ihm, wenn auch nicht leichten Herzens, auf seinem Weg folgen wird. „Lassen Sie mir Zeit, Schwestern für Oberleutensdorf auszusuchen. Ich möchte mit jeder von ihnen einzeln sprechen und nur dann bei der Versetzung bleiben, wenn die Schwester zustimmt. Zunächst habe ich an Schwester Alexandrina Krotz gedacht, die Oberin werden soll, und an Schwester Sophie Hegglin als Buchhalterin. Die anderen Schwestern suche ich noch aus. Sie sollen sicher als Aufseherinnen im Fabrikbetrieb fungieren und müssen freundlich und zugleich streng sein können. Das ist keine leichte Aufgabe, zumal sie gar nicht wissen, welche Leistung sie dem einzelnen Arbeiter zumuten können."
Pfarrer Habel jubelt, als er von ihm Nachricht erhält, dass wirklich fünf Barmherzige Schwestern kommen werden. „Ich werde dafür sorgen, dass Mutter Maria Theresia die Aufträge für Tücher aller Art und Farbe einsehen und weiterleiten kann. Das wird sie vom Erfolg der Unternehmung überzeugen."

Schwester Alexandrina Krotz übernimmt auf Weisung von Pater Theodosius die Fabrik unter dem eingetragenen Namen Firma A. Krotz. Obwohl Pfarrer Habel bald von seinem Amt als Direktor zurücktritt und sich wieder ausschließlich der Pfarrseelsorge widmet, arbeitet die einzigartige Fabrik unter der klösterlichen Leitung zunächst recht erfolgreich. „Vergessen Sie nicht, dass es kein Geschäft im weltlichen Sinne sein darf, dem Sie vorstehen", schreibt die besorgte Frau Mutter an die Oberin in Oberleutensdorf. „Unser eigentliches Gewinnkonto liegt wie bei allen unseren Tätigkeiten auf der Seite der Menschen."

Im Gelände der Fabrik steht auch ein Spital. Gerne gibt die Frau Mutter weitere Schwestern für die Pflege der kranken Arbeiter oder ihrer Angehörigen. Die Behandlung ist kostenlos und wird mit der gleichen Sorgfalt wie in den großen Spitälern durchgeführt. Unter den Prospekt dieses kleinen Fabriksspitales schreibt Mutter Maria Theresia einen Zusatz: „In besagtem Spital auf dem Gelände der Tuchfabrik A. Krotz werden Fremde, Reisende und insbesondere Lehrlinge, Gesellen und Fabrikarbeiter aufgenommen. Sonstige hilflose Kranke ohne Unterschied der Konfession, des Alters und Geschlechtes werden unentgeltlich durch Barmherzige Schwestern versorgt."

11

DUNKLE WOLKEN

Die fahle Herbstsonne taucht den Vierwaldstättersee und die Berge in ein unwirkliches Licht. Alles scheint näher gerückt. Bald ist es Zeit für den Alpabtrieb. Noch erklingen die Kuhglocken. In den Zweigen der Büsche und Bäume rund um das Mutterhaus Ingenbohl rührt sich kein Lüftchen. Wird das Wetter umschlagen?

Mit einem Kreuzzeichen beendet Mutter Maria Theresia ihr Rosenkranzgebet. Sie verweilt kurz am Blumenbeet, das den Kiesweg säumt, und bewundert die letzten Herbstrosen. Sie wird Schwester Ludovika ein Wort der Anerkennung sagen. Monatelang schmückten lachsfarbene, rote und gelbe Rosen den Altar in der Mutterhauskirche. An den Herbstrosen bewegt sich kein einziges Blättchen. Hat es nicht den Anschein, als ob die ganze Natur den Atem anhalte und auf etwas warte? Kommt ein Unwetter? Kein Vogel singt, und das Geläute der Herdenglocken kommt ihr wie eine Warnung vor. Jetzt verkriecht sich die Sonne hinter eine massive Haufenwolke. Das Leuchten auf der Wasserfläche des Sees erstirbt.

Aus dem Wetterwinkel schiebt sich eine dunkle Wolkenwand heran. Urplötzlich kommt starker Wind auf, begleitet von einem jaulenden Geräusch. Er zerrt an Ästen und Zweigen und rüttelt an den Sträuchern. Mit einem Mal wird es kalt. Ein Frösteln lässt die Ordensfrau erzittern. Sie hastet durch die Seitentüre ins Haus.

Der Wind wird zum Sturm. Irgendwo kracht ein nicht fest verankerter Fensterladen gegen die Hauswand. Dicke Regentropfen fallen in den aufgewirbelten Staub. „Wir bekommen ein Unwetter, Schwester Antonia", sagt Mutter Maria Theresia zu einer jungen Schwester. „Würden Sie bitte nachsehen, ob in den Zimmern die Fenster geschlossen sind?" Sie selber sucht Zuflucht in der Klosterkirche. Ein Gefühl nahenden Unheils bedrängt sie, das sich auch durch inniges Gebet nicht vertreiben lässt. „Herr, erbarme dich unser!" fleht sie, und sie meint mit diesem Flehruf nicht das Toben der Elemente, nicht das Heulen des Sturmes, nicht das Grollen des Donners und auch nicht das grelle Zucken der Blitze. Sie ahnt, dass ein anders geartetes Unwetter auf die Kongregation der Barmherzigen Schwestern vom heiligen Kreuz in Ingenbohl zukommt. Sie strebt wie eines der Schiffe auf dem Vierwaldstättersee zum Hafen hin, aber sie ist erbarmungslos dem Sturm und den hohen Wellen ausgesetzt. „Herr, du bist unser Hafen und unser rettendes Ufer, erbarme dich unser aller!" Als Generaloberin hält sie zwar das Steuer ihrer Gemeinschaft in der Hand, aber den Kurs bestimmt der Stifter Pater Theodosius. Es ist nicht leicht, diesem Kurs zu folgen. Wo befindet sich nun der Kapitän des Schiffes von Ingenbohl?

Sie hat geschrieben und geschrieben, ausführlich und ernst. Nur selten hat sie eine kurze, beinahe fragmentarische Antwort erhalten. Dabei häufen sich die Probleme, die Sorgen und die Schulden. Die drei Fabriken, die Pater Theodosius gekauft hat und die von Barmherzigen Schwestern geleitet werden, machen ihr den meisten Kummer. Die Pläne des Stifters sind kühn und genial: christliches Fabrikführen und Gewinnbeteiligung der Arbeiter. Im Anfang schien wider Erwarten alles gut zu gehen. Die Arbeiter waren zufrieden. Sie erhielten gerechte Löhne und waren bei Krankheit und Alter abgesichert. Aber auf Dauer können sich die Fabriken nicht halten. Sie sind der rücksichtslosen und aufwendigen Werbung nicht gewachsen, die von der kapitalistischen Industrie gemacht wird. Die Gönner ziehen sich zurück. Die Aufträge werden spärlicher. Das Spital für Arbeiter und Fremde erweist sich als zu kostspielig für die Tuchfabrik in Oberleutensdorf. Kranke werden dort kostenlos behandelt. Alle werden aufgenommen ohne Ansehen der Person und der Konfession. An und für sich ist das im Jahrhundert religiöser Intoleranz eine großartige und zukunftsorientierte Leistung, die von der Herzensweite der Frau Mutter zeugt, aber auch für diese beeindruckende und wahrhaft christliche Haltung ist die Zeit scheinbar noch nicht reif.

Täglich wachsen die Schulden. Einige Geldgeber verweigern weitere Darlehen, obwohl sie anfangs bereitwillig geholfen haben. Sie sind auf Erfolg und Wachstum aus und ziehen sich mit fadenscheinigen Ausreden gänzlich aus dem Geschäft zurück. „Die Ratten verlassen das sinkende Schiff", murmelt Mutter Maria Theresia. Sie tadelt sich selbst für ihre Bitterkeit, doch die klare Erkenntnis bleibt: das Sinken dieses Schiffes, das Scheitern des Experimentes mit den drei Fabriken ist nicht aufzuhalten. Auch in zahlreichen anderen Niederlassungen im In- und Ausland sind die Einnahmen meist zu gering, um den Lebensunterhalt der dort arbeitenden Schwestern zu sichern. Ingenbohl muss zuzahlen und hat doch selbst Finanznöte und Bausorgen. Leider herrscht innerhalb der Mutter Kirche weithin die Ansicht, dass auch die qualifizierteste Schwester mehr oder minder für Gotteslohn arbeiten müsse.

Vergeblich hat sich die Generaloberin an ihren Diözesanbischof gewandt und ihm die finanzielle Misere vorgetragen. Sie hat ihm offen gesagt, dass es auch im Mutterhaus manchmal nicht für das Notwendige reicht. Seine Exzellenz hat sie kühl angeschaut. „Sie hätten eben den überrissenen Plänen des Paters Theodosius Florentini nicht zustimmen dürfen, Frau Mutter! Zweifellos ist er ein guter Priester, ein wahrer Diener Gottes. Aber seine Zukunftsvisionen übersteigen den Rahmen des Möglichen.

Ein Träumer in Sachen Christi balanciert immer an einem Abgrund. Was er anstrebt, ist durchaus christlich und legitim. Es lässt sich jedoch in unserer Zeit nicht realisieren. Ich räume ein, dass es vielleicht später einmal eine Soziallehre der Kirche geben wird. Ich hoffe es wenigstens. Nun müssen Sie zusehen, wie Sie mit Ihrer Gemeinschaft den Schaden begrenzen können, der Ihnen durch die allzu kühnen Pläne des Paters erwachsen ist. Mir schwirrt bereits der Kopf, wenn ich an die Beträge denke, die allein für die anderen Bauten aufgewendet werden mussten – für Planaterra, für das Kreuzspital in Chur, für das Mutterhaus in Ingenbohl! Sie müssen ein riesengroßes Gottvertrauen haben, Frau Mutter!"

„Treffen diese Bischofsworte wirklich auf mich zu?" fragt sich die Ordensfrau in der dunklen Klosterkirche. Draußen tobt das Unwetter mit unverminderter Stärke. Sie bleibt lange knien…

Nach und nach wird sie ruhiger. Vertrauensvoll legt sie ihre Sorgen und Nöte, ihre Gemeinschaft und ihr eigenes Schicksal in die barmherzigen Vaterhände Gottes.

Das Gewitter ist weitergezogen. Ein erster Sonnenstrahl bricht durch eine Wolkenlücke. Am Abend des Tages trifft Pater Theodosius in Ingenbohl ein. Er ist müde und abgekämpft, aber er überreicht der Frau Mutter einen wohlgefüllten Geldbeutel, das Ergebnis seiner strapaziösen Bettelreise. „Ich wollte nicht eher kommen, bis dass ich Ihnen eine gewisse Summe überreichen konnte."

Am liebsten würde sie gleich und in aller Offenheit davon sprechen, dass auch die beträchtliche Summe nur ein Tropfen auf dem heißen Stein sein würde, doch sie bemerkt voller Mitleid, wie erschöpft er ist, und sie verschiebt das wichtige Gespräch. Die Schwestern können Pater Theodosius in ihrem Kreis begrüßen und freuen sich darüber, wenn er sich auch früh zurückzieht.

Nach der heiligen Messe am nächsten Morgen – es ist das Fest des Wanderbischofs und Klostergründers Pirmin – und einem etwas hastig eingenommenen Frühstück geht Mutter Maria Theresia zum Priesterzimmer. Ehe sie anklopft, macht sie ein großes Kreuzzeichen. Der Herr muss ihr helfen, die richtigen Worte zu finden. „Guten Morgen, Mutter Maria Theresia", begrüßt er sie freundlich und rückt ihr einen Stuhl zurecht. Sie betrachtet ihn prüfend. Er wirkt ein wenig entspannter als am Abend zuvor. Sein Antlitz ist dennoch gezeichnet von den Strapazen der Reisen. Haupthaar und Bart schimmern silberweiß. Seine Hände zittern leicht. „Geht es Ihnen gut, Pater Theodosius?" fragt sie betroffen. „Wie es halt einem Dauerreisenden geht, Frau Mutter…", weicht er aus. „Heute ist der richtige Festtag für mich, das Fest des heiligen Bischofs Pirmin, der immer auf Wanderschaft sein musste. Passt das nicht vortrefflich zu mir – allerdings nicht in Bezug auf die Heiligkeit!" Sein etwas kläglicher Versuch zu scherzen kommt bei seiner Gesprächspartnerin nicht an. Ihr Antlitz bleibt ernst. „Leider muss ich Sie mit dem Thema behelligen, das ich Ihnen schon in vielen Briefen darlegte, Pater Theodosius".

Er streicht sich über die Stirn, seufzt und meint dann. „Ich weiss bereits, welches Thema Sie mir vorlegen wollen. Es geht um unsere Fabriken, nicht wahr?" Sie nickt, gibt sich einen Ruck und sagt dann nachdrücklich: „Diese Sache ist uns längst über den Kopf gewachsen. Pfarrer Habel, Schwester Alexandrina und die anderen Schwestern sind überzeugt, dass sich die Firma A. Krotz in Oberleutensdorf nicht mehr halten wird. Die Schwestern haben sich selbstlos bemüht, die Fabrik, das Spital und die Arbeitsschule zu leiten. Sie haben viel Gutes tun können. Oberleutensdorf gibt durch sein äußeres Erscheinungsbild bereits Zeugnis davon. Aus verwahrlosten Hütten sind Heime geworden für die Arbeiterfamilien mit gepflegten kleinen Gärten. Pfarrer Habel ist erfreut über die Zunahme der Kirchenbesucher…!"

Unwillkürlich stiehlt sich ein Lächeln in sein mageres Gesicht. „Sie zählen lauter positive Dinge auf, Frau Mutter." Sie reicht ihm einen Brief. „Lesen Sie es nach, Pater Theodosius! Schwester Alexandrina führt all dies in ihrem Brief an mich auf, aber sie sendet mir zugleich einen dringenden Hilferuf. Sie fühlt sich den Absatzschwierigkeiten und anderen ernsten Problemen nicht mehr gewachsen und bittet dringend um Entlastung."

„Sie wissen, dass ich nach wie vor alles versuchen werde, um Oberleutensdorf und die anderen Fabriken zu retten. Wie können wir etwas aufgeben, das so gut begonnen hat? Legen Sie diesen Brief von Schwester Alexandrina auch Ihren Ratsschwestern vor und holen Sie ihre Meinung ein! Ich möchte Sie Ihren Schwestern gegenüber nicht in Schwierigkeiten bringen. Ich kann nicht von meiner Überzeugung lassen, dass wir die Fabriken halten müssen. Wenn wir durchhalten, gelingt es uns vielleicht, das Gewissen der katholischen Unternehmer wachzurütteln."

Mutter Maria Theresia liest ihren Ratsschwestern den Brief aus Oberleutensdorf vor, schaut dann auf und blickt in die ernsten Gesichter ihrer Mitschwestern. „Sie wissen, liebe Schwestern, dass es um die beiden Fabriken in der Schweiz ähnlich bestellt ist. Die Pläne unseres Stifters sind zwar gut und zukunftsorientiert, aber offensichtlich ist die Zeit noch nicht reif, sie zu realisieren."

Schwester Lidwina beißt sich auf die Lippen. „Ist unser hochwürdiger Herr Pater nicht allzu kühn vorgegangen bei diesem Projekt? Hat er wirklich ernstlich erwogen, ob die Mittel und die Ausbildung der verfügbaren Schwestern dafür ausreichten? Hat er Ihre Bedenken jemals ernst genommen?" Mutter Maria Theresia erkennt, wie viel Wahrheit in den kritischen Worten der Schwester steckt, doch sie möchte die Härte der Kritik abschwächen. „Bedenken Sie, dass viele seiner Zukunftsvisionen Wirklichkeit geworden sind – so das Kreuzspital in Chur und unser Mutterhaus. Als er seinerzeit den verwahrlosten Nigg'schen Hof kaufte, hätte keine Schwester geglaubt, dass daraus unser geliebtes Mutterhaus werden würde."

„Aber Sie, Frau Mutter, haben stets die Hauptlast von allem getragen. Sie waren und sind die Dienerin aller. Ohne Sie hätte Pater Theodosius keinen seiner Pläne verwirklichen können", sagt die erste Rätin mit einiger Schärfe. Will sie damit aussagen, dass der geistliche Vater der Gemeinschaft die Nöte seiner Töchter unterschätzt und nicht allzu viel zu deren Behebung beiträgt? „Er hätte sich und uns mehr Zeit lassen müssen. Er ist zu rasch vorangegangen", meint die Ökonomin. „Eine Sache war noch nicht vollendet und nicht bezahlt, da stand schon seine nächste Forderung vor uns. Sein Tempo beängstigt mich."

Dunkle Röte steigt in das sonst so gleichmütige und beherrschte Gesicht der Generaloberin. Ihre Hand mit dem Brief aus Oberleutensdorf zittert. Sie bemerkt es und legt den Brief auf den Tisch. Ihre Augen heften sich auf das Kreuz. Lange verharrt sie so. Keine Schwester stört ihr stummes Zwiegespräch mit dem Herrn.

„Sie sind wie ich davon überzeugt, dass Pater Theodosius ein außergewöhnlich feines und tiefes Gespür für die geistliche und materielle Not unserer Zeit hat. Die Sorge um die Heranwachsenden bedrückt ihn. Er befürchtet, dass sie den Glauben verlieren und sittlich verwahrlosen. Die industrielle Entwicklung in unserem Vaterland hat ihn alarmiert. Er wollte dem rücksichtslosen Unternehmertum Einhalt gebieten und die Rechte der Arbeiter wahrnehmen. Allerdings hat er dabei unterschätzt, dass man Fabriken nur mit einem großen Kapitalfond aufbauen und erfolgreich führen kann.

Er ist eben Priester mit Leib und Seele und kein Bankier, der Gewinn und Verlust einkalkulieren kann. Profitdenken liegt ihm völlig fern, und zur Zeit kann ich Ihnen und ihm beim besten Willen keine Hoffnung auf eine positive Lösung machen. Bitte, beten Sie Sturm!"

Nach der Sitzung geht das Leben im Mutterhaus seinen gewohnten Gang. Pater Theodosius ist oft in der Kirche zu finden. Aus den Fabriken treffen weitere alarmierende Nachrichten ein. Mitte November wird das Wetter wieder außergewöhnlich mild. Letzte bunte Blätter hängen an den Bäumen. Die Knospen mancher Pflanzen schwellen, und in einer geschützten Mauerecke blühen ein paar Veilchen. Der See funkelt stundenweise im Schein der tiefstehenden Sonne. Mutter Maria Theresia widmet sich mit unvermindertem Eifer ihren Pflichten. Sie ist für jede alte und junge Schwester da. Mit Pater Theodosius hat sie das strittige Thema ‚Fabriken' nicht mehr angeschnitten.

„Mir ist eine ertragreiche Quelle eingefallen, die ich anzapfen möchte, Frau Mutter. Ich reise morgen ab." Besorgt betrachtet sie sein immer noch blasses Gesicht, aus dem die Zeichen der schweren Erschöpfung nicht gewichen sind. Sie kann ihn an seiner neuen Bettelreise nicht hindern.

Bereits am 7. Dezember kehrt er nach Ingenbohl zurück. Seine Müdigkeit ist noch offensichtlicher. Sein Habit hängt lose um seinen abgemagerten Körper. Er reicht der Generaloberin einen nur zur Hälfte gefüllten Geldbeutel: „Mehr konnte ich dieses Mal nicht auftreiben. Ich werde noch vor Weihnachten mit einer weiteren Bettelreise beginnen. Ich hoffe, dass das Kommen des göttlichen Kindes die harten Herzen bewegt und gebefreudiger macht." Er hat seine Augen geschlossen.

„Pater Theodosius, könnten wir nicht...", beginnt sie zögernd. Er hebt abwehrend seine Rechte, die Hand, mit der er sie so oft gesegnet hat. „Halten Sie ein, Mutter Maria Theresia! Ich weiß, was Sie sagen wollen. Endlich muss ein Schlussstrich unter das Unternehmen der christlichen Fabrikführung gezogen werden. Sie haben wahrscheinlich Recht. Aber hindern Sie mich bitte nicht daran, einen letzten Versuch zur Rettung der Fabriken zu unternehmen!"

Seine zitternden Hände sind bittend ausgestreckt. Auch im Blick seiner dunklen Augen liegt dieses Flehen um Verständnis. „Heute Abend kommt ein guter Bekannter mit seinem Kutschwagen vorbei. Er bringt mich zunächst nach Chur. Ich habe da in meinem Häuschen manches zu ordnen. Dann beginne ich meine letzte Bettelreise." Sie sieht ihn verwirrt an. „Ihre letzte Bettelreise? Pater Theodosius, Sie sind erst Mitte Fünfzig. Wie können Sie so etwas sagen?" Sie hat wohl verstanden, dass er an sein Lebensende denkt.

„Sollte ich nicht mehr nach Ingenbohl kommen können, lege ich alles vertrauensvoll in Ihre treuen Hände, Frau Mutter!" Er segnet sie. „Der Wagen kommt! Gott mit Ihnen! Grüßen Sie Ihre Schwestern von mir." In der Türe wendet er sich zu ihr um und sieht sie mit festem Blick an. Dann dreht er sich um und geht, ein wenig gebeugt, mit langsamen Schritten durch den langen Flur davon. Dabei ist er noch keine sechzig Jahre alt... Sie möchte ihm nacheilen um ihn zu bitten, in Ingenbohl zu bleiben, doch sie rührt sich nicht von der Stelle. Hat sie ihn wirklich zum letzten Mal gesehen?

In Ingenbohl wird das heilige Weihnachtsfest feierlich begangen. Mutter Maria Theresia zeigt im Schwesternkreis ein heiteres Antlitz, um die Festfreude der Klosterfamilie nicht zu trüben. Nur ihre Ratsschwestern wissen, wie sehr sie sich um den geistlichen Vater sorgt. Sie schreibt oft und versichert ihm, dass sie treu zu ihm steht. Am 28. Dezember 1864 schreibt sie: „...Nicht wahr, Sie verzeihen und vergessen alles, was nicht gut

war? Seien Sie uns im Neuen Jahr auch wieder ein guter, wohlwollender Vater wie bisher."

Bei kaltem Winterwetter, bei Schnee und Hagel setzt
Pater Theodosius mit letzter Kraft seine Bettelreise fort.
Sie führt ihn mit wechselndem Erfolg durch Schweizer
Lande in Richtung Bodensee. In St. Gallen, Wil und
Heiden wirbt er erfolgreich für sein Werk. „Wie wird
sich Mutter Maria Theresia freuen, wenn Sie diesen
Schatz in ihren Händen hält, die gute Seele!" Sorgfältig
legt er die pralle Geldbörse in seine Reisetasche. Dabei
fällt ihm ihr Neujahrsbrief wieder in die Hände. Er liest
ihn noch einmal und freut sich über die aufrichtigen
Glück- und Segenswünsche für das Jahr 1865...

Vor seiner Bodenseereise ist er in Prag gewesen und
hat dort neue Gönner gefunden und die Hoffnung
schöpfen dürfen, dass sich doch noch alles zum Guten
wendet. Am 13. Januar schreibt er ihr von Prag aus:
„Es sind nun fünf Wochen, seit ich weg bin. Ich habe
in dieser Zeit viel geredet und bin weit gereist, hoffe
auch, all dies nicht umsonst getan zu haben; aber noch
ist kein Resultat erzielt. In etwa zwei bis drei Wochen
werden wir wissen, woran wir sind. Jedenfalls wird das
Resultat, wie mir scheint, ein günstiges sein, sei es, dass
das Ganze verkauft wird oder dass eine Gesellschaft
zur Seite steht... Das alte Jahr hatte manches Unange-
nehme; gebe Gott, dass Ähnliches nicht wiederkehrt!
Ich habe darum am Schluss alles Gott aufgeopfert mit
dem Vorsatz, nicht wieder an Vergangenes zu denken.
Betet indessen ernstlich und harret aus in Geduld!"

Bei grimmiger Kälte reist er von Prag nach St. Gallen.
Am 9. Februar macht er Station in Altstätten. Dort trifft
er die Oberin des Kreuzspitals, Sr. Eugenia Welz. Diese

ist erschrocken über seinen Zustand. Er ist schwer erkältet und todmüde. In St. Gallen versucht er vergeblich, seine Fabrikanstalt in Thal zu retten, und noch einmal trifft er seine besonderen Lieblinge in der Waisenanstalt Tablat: die Armen, die Kinder und die Barmherzigen Schwestern. Dann reist er weiter zu seinen Mitbrüdern nach Wil. Dort legt er allen Kummer, alle Versäumnisse und jegliches Versagen in die heilige Beichte.

Pater Theodosius gibt seine Pläne aber noch nicht gänzlich auf. In Heiden macht er kurz Halt. Dann drängt er fort. Am 16. Februar will er wieder in Böhmen sein, um in Oberleutensdorf nach dem Rechten zu sehen und eine neue Rettungsaktion zu versuchen.

„Bei dem grausligen Wetter wollen Sie fahren, Herr Pater? Bleiben Sie wenigstens über Nacht hier im Schweizerhof. Dann können Sie morgen wenigstens etwas ausgeruht weiterfahren", überredet ihn der freundliche Gastwirt. Seinem Drängen gibt Pater Theodosius gerne nach, denn er ist noch müder als sonst. Zudem fühlt er sich in der gemütlichen Atmosphäre geborgen. Der protestantische Männerchor von Heiden bringt ihm am Abend sogar ein Ständchen. Er verweilt längere Zeit in dem geselligen Sängerkreis. Gegen Mitternacht entspricht er einer Bitte des Chorleiters und schreibt ihm ein paar Zeilen in sein Notizbuch. Sie sind sein Vermächtnis und gleichzeitig ein ökumenischer Wegweiser:

Im Notwendigen Einheit,
Im Zweifel Freiheit,
In allem die Liebe.

Pater Theodosius verabschiedet sich freundlich von den Sängern und vom Gastwirtsehepaar. „So Gott will – bis morgen!"

In der Morgenfrühe des nächsten Tages will er, wie er es stets getan hat, zuerst sein Brevier beten und danach das heilige Messopfer feiern. Mit einem Male befällt ihn ein starkes Unwohlsein. Mühsam schleppt er sich zur Glocke und kann mit letzter Kraft Hilfe herbeirufen. Dann bricht er zusammen...

Ein Bote des Schweizerhofes eilt zum Arzt. Dieser macht sich sofort auf den Weg, aber inzwischen hat Pater Theodosius einen Schlaganfall erlitten. Er ist gelähmt und seiner Sprache beraubt. Die qualvolle Agonie dauert dreißig Stunden. Nur seine Augen sprechen. Meist sind sie auf das Kreuz geheftet. Welche Gedanken mögen durch das Bewusstsein des Sterbenden ziehen? Ob er auch Segenswünsche nach Ingenbohl schickt und an die treue, starke und selbstlose Frau Mutter denkt? Nur einmal vernehmen die Umstehenden seine Stimme. Er sagt klar und deutlich: „Ach, mein Gott! Mein Gott!"

Am 16. Februar wollte er in Oberleutensdorf sein, um die Tuchfabrik A. Krotz vor dem Ruin zu retten. Am 15. Februar um 14.30 Uhr wird er von seinem schweren Leiden erlöst.

„Pater Theodosius ist heimgegangen", sagt der Pfarrer des nahen Grub, der an seinem Lager gewacht hat, zu den Umstehenden, schließt die Lider des Toten und faltet seine Hände um den Rosenkranz, den er stets bei sich getragen hatte und der mit ihm weite Teile Europas bereist hatte. Das Antlitz des Verstorbenen glättet sich. Es trägt den Ausdruck stillen Friedens. „Nun bist du aller Sorgen ledig, lieber Freund, und du darfst den schauen, dem du gedient hast!"

Als ein erstes Telegramm mit der Nachricht seiner schweren Erkrankung in Ingenbohl eintrifft, eilen die Schwestern des Mutterhauses in die Kirche. Mutter Maria Theresia sieht den Kranken im Geiste vor sich, sein abgezehrtes, blasses und müdes Antlitz. Sie weiß um seine Todesahnungen. Sie betet und gibt ihn zugleich in Gottes Hände. „Herr, wenn es möglich ist, so lasse diesen Kelch an unserer Gemeinschaft vorübergehen, aber nicht der unsrige, sondern dein Wille geschehe."

Dreißig Stunden später trifft ein zweites Telegramm in Ingenbohl ein: „Pater Theodosius ist am 15. Februar 1865 um 14.30 Uhr sanft im Herrn entschlafen."

Ein schwarzer Trauerschleier liegt über dem Kloster auf dem Hügel und über den Herzen der Schwestern. „Nun ist unser guter Vater von allen irdischen Sorgen erlöst. Wir wollen seiner in Zuneigung und Dankbarkeit gedenken, liebe Schwestern, und sein Andenken stets in Ehren halten! Möge uns seine Fürbitte in den kommenden schweren Zeiten beistehen! Unser bester Dank wird es sein, wenn wir entschlossen auf dem Wege weitergehen, den er uns gewiesen hat", dies sagt Mutter Maria Theresia den Schwestern des Mutterhauses, und in diesem Sinne schreibt sie an die Schwestern in den vielen Niederlassungen. „Ihr seid gewiss damit einverstanden, dass ich nach Chur fahre, um mit unseren Schwestern vom Kreuzspital an seiner Beisetzung teilzunehmen?"

Der Abschied des Paters Theodosius von Heiden wird zum ökumenischen Ereignis. Die protestantischen Einwohner von Heiden geben dem Sarg das Ehrengeleit bis zum Bahnhof Rheineck. Ein Morgenzug bringt ihn durch die Schweizer Lande nach Chur, wo man ihn im Schatten der Bischofskirche in die geweihte Erde bettet. Die Trauergemeinde zählt nach Tausenden. Der Steinmetz arbeitet bereits an einem Grabspruch. Er wird lauten:

Dem edlen Priester,
dem Erzieher der Jugend,
dem Pfleger der Kranken,
dem Vater der Armen.

Einige Tage verweilt Mutter Maria Theresia im Kreuzspital. Sie vermag die betrübten Schwestern zu trösten und hätte selbst des Trostes bedurft. Dann kehrt sie nach Ingenbohl heim und fühlt sich wie verwaist. Wie soll sie allein die vielen Niederlassungen im In- und Ausland verwalten und einer jeden Schwester gerecht werden? Nach menschlichem Ermessen hätte Pater Theodosius ihr noch lange zur Seite stehen können. Er ist nur 56 Jahre alt geworden und hat ihr viele ungelöste Probleme und eine erhebliche Schuldenlast vererbt. Wie soll sie, eine 39jährige Frau, mit all den Problemen, an denen er beinahe verzagte, fertig werden? Ob sich eine der vagen Hoffnungen erfüllen wird, die man ihm in Bezug auf Oberleutensdorf gemacht hat, als er in Prag war?
Sie ahnt, dass sich die Aussichten auf eine gütliche Lösung durch den jähen Tod des Stifters radikal verschlechtert haben. Wenn eine Frau als Hauptverantwortliche des Werks dasteht, schreckt das manchen Gönner ab. Die Investoren wollen Sicherheit und Erfolg. Für beides scheint ihnen eine Ordensperson weiblichen Geschlechtes keine ausreichende Garantie zu sein.

Nach kurzer Schonfrist, die man der Trauernden ein-
räumt, melden sich die Gläubiger und stellen ihre For-
derungen. Täglich treffen neue Mahnungen ein. Mutter
Maria Theresia hat nicht um das gewaltige Ausmaß der
ausstehenden Zahlungen gewusst. „Pater Theodosius war
ein heiligmäßiger Priester und ein Eiferer für Christus und
die Kirche – aber in wirtschaftlichen Belangen war er ein
naives Kind", sagt ein Rechtsberater zu Mutter Maria
Theresia. Sie kann diesem Urteil nichts entgegenhalten.

Das gewaltige Defizit könnte sie verlocken, das schwierige Erbe auszuschlagen. Sie hat den Kaufvertrag für die Tuchfabrik in Oberleutensdorf nicht unterschrieben und haftet nicht für deren Schulden. Sie könnte sich, ohne geschriebenes Recht zu verletzen, nun davon distanzieren und sich und ihre Gemeinschaft von jeder Verantwortung freisprechen, zumal sie den Pater oft und nachdrücklich gewarnt hat. Das Gesetz würde auf ihrer Seite stehen. Aber geht es ihr etwa nur um das Gesetz?

Für sie ist die moralische Verpflichtung maßgebend, auch nach dem Tod des Gründers in unverbrüchlicher Treue zu seinem Werk zu stehen. Nein, sie wird nicht dulden, dass man den Heimgegangenen schmäht, weil er unbezahlte Schulden hinterlassen hat. Es bewährt sich wiederum das große Gottvertrauen, das sie mit zäher Durchhaltekraft, mit ungebrochenem Mut und mit Einsatzbereitschaft in der Treue erhält.

In freimütigen und ermunternden Worten teilt sie den Schwestern im Mutterhaus ihren heroischen Entschluss mit. An ihre Schwestern in den anderen Niederlassungen schreibt sie eindringlich und ausführlich. Sie ermutigt sie zu innigem Gebet für den Verstorbenen. Sie bittet aber auch um persönliche Opfer und um Spenden zur Tilgung der Rückstände, um das Andenken an den Stifter zu wahren. Noch immer hat sie das ganze Ausmaß der Schulden nicht überschaut.

Die Bischöfliche Behörde äußert sich besorgt über deren Höhe und befürchtet, dass das Institut der Barmherzigen Schwestern vom Heiligen Kreuz unter der Schuldenlast zusammenbrechen könne. Gutmeinende Priester raten ihr ab, ihre Unterschrift unter den Vertrag zu setzen, der die Schwestern zur Übernahme sämtlicher

Schulden verpflichtet. Sie ist sich wohl bewusst, welch schweres Kreuz sie sich und ihrem Institut auf Jahre hinaus auferlegen würde, wenn sie das Erbe annimmt. Verweigert sie jedoch ihre Unterschrift, so ist der Name des Verstorbenen entehrt und belastet viele Menschen durch die nicht eingelösten Verpflichtungen. Ein schweres Ringen um den rechten Entscheid setzt ein...

Auch körperlich leidet Mutter Maria Theresia in diesen Wochen inneren Kampfes. Lange Stunden verbringt sie in inniger Zwiesprache mit dem gekreuzigten Herrn und trägt ihm all ihre Sorgen vor. Verstandesmäßig möchte sie ein Nein sagen, aber ihr Herz findet schließlich zum großen Ja. Treue und Großmut siegen über alle Bedenken. Am 15. September leistet sie ihre Unterschrift und verpflichtet sich, die Abzahlung aller Schulden zu übernehmen. Wird sie dieses Ziel noch zu ihren Lebzeiten erreichen können?

Es mutet wie ein Wunder an, dass sie durch persönlichen Einsatz, mit der aufopfernden Hilfe ihrer Schwestern und mancher Gönner ihr Ziel erreicht. Am 22. März 1869 sind alle Schulden getilgt.

12

GRENZENLOS

„Wir wollen nicht verzagen, sondern auf den Herrn schauen, von ihm kommt uns neue Kraft zu", hat Mutter Maria Theresia ihren Schwestern oft gesagt in den harten, entbehrungsreichen Jahren der Schuldentilgung. Nicht alle Schwestern besaßen ihre Stärke und ihr Gottvertrauen. „Was wird aus uns? Was können wir tun?" lautete manche Frage. „Liebe Schwester, beten Sie! Geben Sie sich ohne Vorbehalt in Gottes gütige Vaterhände!" Die Generaloberin gab ängstlichen Gemütern oft so oder ähnlich Antwort – nicht eine leere Formel um zu vertrösten, sondern ein Vermächtnis aus tiefstem Herzen. Sie hatte in ihrem Leben oft in scheinbar aussichtslosen Situationen die Hilfe des Herrn erfahren. Anfangs meint der Nachfolger des Paters Theodosius, die Worte der Frau Mutter kämen allzu leicht über ihre Lippen und seien mehr oder weniger fromme Floskeln. Einmal sagt er zu ihr: „Mir graut vor dem, was auf uns zukommt. Nach menschlichem Ermessen müsste unser Institut an einer solchen Prüfung zerbrechen." Sie sieht ihn ruhig an. „Nach menschlichem Ermessen, Pater Anicet! Gott rechnet anders!" Gottes Rechnung geht auf. Er segnet die Treue der tapferen Ordensfrau und ihr Bemühen, die Schuldenlast des theodosianischen Erbes zu tilgen.

Nun, da sich der Erfolg sichtbar abzeichnet, möchte der Pater dies der Generaloberin gegenüber lobend aussprechen. Er möchte ihr sagen, wie er ihre Durchhaltekraft, ihre Gelassenheit und ihr ungebrochenes Gottvertrauen bewundert. Sie wehrt lächelnd ab. „Pater Anicet, danken Sie mit mir dem guten Gott! Weisen Sie in Ihren Predigten immer wieder darauf hin, dass es auf Gottes Gnade ankommt... und auf unser ganzes Ja zum Kreuz. Wir dürfen das Heilige Kreuz nicht nur im Namen unseres Institutes führen. Wir müssen wahre Schwestern vom Heiligen Kreuz sein und dies im Alltag leben. Das Kreuz gehört zu uns, und wir gehören zum Kreuz."

Im persönlichen Gespräch weist der Superior die Schwestern stets darauf hin und betont, dass sie alles tun müssen, um die Arbeitslast der Frau Mutter zu mindern. „Seien Sie eine frohe und tief gottverbundene Schwester. Beten Sie viel und gerne. Umfassen Sie auch die kleinen Kreuze des Alltags mit liebender Bereitschaft und schauen Sie dabei immer wieder auf Mutter Maria Theresia. Sie lebt Ihnen vor, wie eine Barmherzige Schwester vom Heiligen Kreuz sein muss. Beten Sie so innig, wie Ihre Frau Mutter betet. Ich gebe zu, dass ich manches Mal verstohlen zu ihr hinschaue, wenn sie ins Gebet versunken ist. Sie ist dann ganz bei Gott. Ihr Antlitz ist vom Leuchten der Gottesnähe erfüllt..."
Wie könnte man es den Schwestern verdenken, dass sie ab und zu einen heimlichen Blick auf die betende Generaloberin werfen? Hat Pater Anicet wirklich Recht? Eine Novizin meint: „Ich kann meinen Eindruck nicht beschreiben, aber ich spürte, dass sie unserem Herrn begegnet. Von ihm geht sie dann wieder zu den Menschen." Eine andere Novizin stimmt ihr zu. „Darum hat sie auch ein Herz für alle, denen sie begegnet.

Wir fühlen uns bei ihr geborgen. Sie nimmt jede Schwester ernst." „Nicht nur die Schwestern, sondern auch das einfältigste alte Mütterchen, die Kranken und die Waisenkinder. Sie schließt keinen von ihrer Liebe aus."
Die Bauerntochter aus Meggen widmet sich nicht nur den einzelnen Menschen. Wie Pater Theodosius hat auch sie ein feines Gespür für die großen Nöte der Zeit. Wenn sie helfen kann, versagt sie sich keinem Ruf, der an sie ergeht. Zuvor wägt sie sorgsam ab, ob sie den Schwestern diesen neuen Einsatz zumuten kann, und versichert sich im Gespräch deren Bereitschaft. Sie handelt nicht einfach über die Köpfe ihrer Schwestern hinweg.

Nach der heiligen Messe nehmen die Schwestern des Mutterhauses gemeinsam ihr Frühstück ein. Sonnenschein erhellt das Refektorium und umhüllt das große Kreuz an der gekalkten Wand. „Was ihr dem geringsten meiner Brüder getan habt, das habt ihr mir getan", liest eine Schwester aus der Heiligen Schrift vor, und sie fährt fort: „Ich war hungrig und ihr habt mich gespeist. Ich war durstig und ihr habt mich getränkt. Ich war gefangen und ihr habt mich besucht…" Die Schwestern haben diese heiligen Worte oft gehört. Nun vernehmen sie sie wieder. Die Worte dringen tief. „Das habt ihr mir getan…" Bei einer jeden Schwester stellen sich andere Gedanken ein. Sie hat dabei ein Bild vor Augen, das ihrer Tätigkeit entspricht, und ihr wird neu und beglückend bewusst, dass sie in jedem Menschen, für den sie sorgen durfte, Christus begegnet ist.
Die Schwester, die hinter den Kulissen wirkt und bescheidene häusliche Dienste verrichtet, erfährt von Neuem, dass sie in ihrem Tun Gott selbst in der Gemeinschaft

dient. In den Widrigkeiten, Kleinlichkeiten und Alltäglichkeiten wird es ihr freilich nicht leicht, ihn in der mürrischen, teilnahmslosen Mitschwester, in einer grobschlächtigen Magd oder einem derben Klosterknecht zu sehen.

Eine kleine Schwester aus dem Tessin, die im Garten arbeitet und viel Ärger mit den Arbeitern hat, hat sich eine einfache Gebetsformel in ihrer Muttersprache zu eigen gemacht: „Tutto per Te! Niente per me!" – Alles für dich! Nichts für mich!" Verstohlene Blicke wandern zum Antlitz der verehrten Frau Mutter. Ihr gütiges Gesicht unter der großen Haube spiegelt ein heiteres und gelassenes Ruhen im Vertrauen auf Gottes grenzenlose Güte wider. Gestern hat sie den Schwestern wieder einmal mitgeteilt, dass es ihr nach wie vor schwer wird, eine Bitte um eine neue Niederlassung mit einem Nein beantworten zu müssen. Sie hat einem Pfarrer aus Ravensburg geschrieben: „Leider kann ich Ihnen keine Schwestern für Ihre Waisenanstalt senden! Wie gerne würde ich Ihnen helfen. Gottes Lieblinge, arme Waisen, liegen mir sehr am Herzen. Wenn der Gott uns neue Ordensberufe schickt, melde ich mich wieder bei Ihnen."

Das Frühstück neigt sich dem Ende zu. Gerade will Mutter Maria Theresia mit dem Gebet beginnen, da stürmt Pater Anicet, dicht gefolgt von der Schwester Pförtnerin, ins Refektorium. Sein Antlitz ist blass und sichtlich verstört. „Bitte, entschuldigen Sie die Störung, Frau Mutter! Ich muss eine wichtige und traurige Nachricht verkünden, solange Sie noch alle zusammen sind, meine Schwestern. Aus dem politischen Gerangel zwischen Österreich und Preußen ist ein offener Konflikt geworden. Es herrscht Krieg. Nun sprechen die Waffen, und die Bevölkerungen beider Länder sind die Leidtragenden...!"

Entsetzt blicken die Schwestern ihn an. Krieg! In der friedliebenden Schweiz kennt man ihn nicht. Krieg – das Wort bedeutet Tod, Leid, Zerstörung und Elend.

„Aber unsere Schweiz bleibt doch neutral", ruft die junge Schwester Franziska spontan. Mutter Maria Theresia sieht die Aufgeregte mit einem festen Blick an. „Sie haben Recht, Schwester Franziska. Unser Vaterland bleibt neutral. Gott sei Dank! Aber, meine lieben Schwestern, bitte bleiben auch Sie neutral in ihren Äußerungen unseren Mitschwestern gegenüber! Wir nehmen in keinem Fall Partei für eine der kriegsführenden Mächte. Wir können nicht beurteilen, auf wessen Seite das Recht ist und wer die Schuld an dem kriegerischen Konflikt trägt. Maßen wir uns kein Urteil an. Besprechen wir alles mit Gott. Beten wir viel und innig für alle Betroffenen und flehen wir um einen baldigen Frieden ...!" Sie stutzt. „Aber ... eigentlich können wir doch nicht neutral bleiben!"

Verwirrt schauen die Schwestern sich an. Was soll das bedeuten? Kann man beides miteinander verbinden – neutral sein und doch nicht neutral? Wie kann man dies verstehen? Sie drängen sich um die Frau Mutter. Sie bemerkt die Unsicherheit und Verwirrung ihrer geistlichen Töchter. „Ihr wundert euch über meine Worte. Ja, wir beziehen Stellung zu diesem Krieg, haben wir uns doch der einen Partei Jesu Christi verschrieben. Ihm werden wir in diesem Krieg dienen. Wir werden in den Lazaretten arbeiten und Verwundete pflegen! Dabei machen wir keinen Unterschied zwischen Österreichern und Preußen. Gottes Güte gegen uns kennt keine

Grenzen! Wir sollen grenzenlos von seiner Güte und Barmherzigkeit Zeugnis geben. Wie in unseren Spitälern dienen wir in den Lazaretten ausnahmslos jedem Kranken und Verwundeten." Eine feurige Rede der Frau Mutter, an dem Morgen, der doch so still begonnen hatte…

„Ich bin davon überzeugt, dass der Dienst in Kriegslazaretten schwerer ist als die Pflege von Kranken in einem richtigen Spital. Schwestern, die sich für diesen Einsatz melden möchten, sollen dies bedenken. Keine Schwester wird ohne ihre Zustimmung in ein Lazarett versetzt. Sie wird dort furchtbare Verwundungen, Verstümmelungen und öfter als in einem Spital die bedrückende Ohnmacht erfahren, dass jede Hilfe zu spät kommt. Zudem muss sie mit der Verzweiflung und der Angst der Sterbenden fertig werden. Wenn Sie der Überzeugung sind, dass Sie zum Pflegedienst im Lazarett bereit und geeignet sind, gehen Sie zuerst zum Herrn und fragen ihn um Rat. Lassen Sie sich prüfen, dann kommen Sie zu mir zu einem ausführlichen Gespräch!"

Im Lazarett erwartet die Schwestern maßloses Leid. Die Mutter hat nichts verschwiegen. Doch schon am selben Tag muss sie beginnen, aus den zahlreichen Freiwilligen, die sich bei ihr melden, eine kluge Auswahl zu treffen. Bis ins Letzte kann sie nicht ergründen, wie belastbar die einzelne Schwester ist. Das wird jede Schwester erst in ihrem Lazaretteinsatz erfahren. „Schreiben Sie mir ohne jede Scheu, wenn Sie sich überfordert fühlen, und betrachten Sie sich nicht als Versagerin, wenn Sie um Ablösung bitten müssen!"

Schwester Amalie und Schwester Rosa sind als Pflegerinnen in einem Hilfslazarett, in einem Saal mit Schwerverwundeten, eingesetzt. Die ehemalige Schule ist für die Anforderungen, die die Pflege Schwerverwundeter an die beiden Schwestern stellt, denkbar ungeeignet. Dicht an dicht liegen die Soldaten auf dünnen Matten, Preußen und Österreicher, so wie sie gerade eingeliefert werden. Eimerweise schleppen die Schwestern klares Wasser von der Pumpe auf dem Schulhof herbei, um wenigstens den brennenden Durst der Männer stillen zu können. Im Grunde genommen fehlt es an allem, an Medikamenten, an Verbandsmaterial und vor allem an ärztlicher Betreuung. Im Hilfslazerett arbeitet nur ein überlasteter Chirurg zusammen mit einem jungen Assistenzarzt. Verwundete, die von der Front eingeliefert werden, müssen lange, allzu lange auf eine Operation warten. Mancher stirbt, bevor ein Arzt sich seiner annehmen kann.

Die beiden Schwestern tun, was in ihren Kräften steht. Manches Mal möchte Schwester Amalie der Frau Mutter schreiben, dass sie das Sterben der Soldaten und die geringen Hilfsmöglichkeiten, die sie haben, nicht länger ansehen könne und um Entlastung bitte...

Da liegt ein junger Soldat, ein Wiener, mit einem Bauchschuss hoffnungslos darnieder. Der Chirurg hat die Kugel im zerfetzten Gedärm nicht finden können. Nun stöhnt der Achtzehnjährige in seinen furchtbaren Schmerzen. Er hat hohes Fieber und weilt in seinen Träumen daheim in Wien. „Mutter! Mutter! Wie gut, dass du da bist!" stammelt er und greift nach der Hand der Schwester. Sie will seine spröden Lippen befeuchten. Er umklammert ihre Hand mit letzter Kraft. „Bleib bei mir, Mutter! Ich hatte solches Heimweh nach dir! Nun müssen wir zum Dom gehen. Ich hab' der Muttergottes eine Kerze versprochen, wenn ich gesund heimkehre.

Wir müssen uns doch bei ihr bedanken, nicht wahr?"
Schwester Amalie zögert und schluckt. Dann sagt sie
tapfer: „Ja, wir müssen uns bedanken, mein Junge!"
Sie versucht, ihre Hand aus dem festen Griff des
Sterbenden zu lösen. „Nicht fortgehen, Mutter! Bleib
bei mir und sing mir das Lied von der Mutter der Barmherzigkeit, das die Mönche in Kloster Melk gesungen
haben, als wir dort waren!" Meint er das Salve Regina?
Sie erfüllt ihm auch diesem Wunsch und singt das Lied
mit leiser Stimme. Sein Gesicht entspannt sich. Er lässt
ihre Hand los, und als die letzten Töne der Antiphon
verklingen, ist der Verwundete für immer von allen
Schmerzen erlöst worden. „Und nach diesem Elende
zeige uns Jesus, die gebenedeite Frucht deines Lei-
bes...", denkt Schwester Amalie und schließt die Lider
des Toten. In ihren Augen stehen Tränen.
Sanitäter holen den Toten ab. Schwester Amalie zieht
das blutige Betttuch von der Matte und säubert sie so
gut, wie es geht. Dann bezieht sie das erbärmliche
Lager neu. Bald werden neue Verwundete eingeliefert.
Sie hat furchtbares Kopfweh und bräuchte dringend ein
paar Stunden Schlaf. Doch bei flackerndem Kerzen-
schein setzt sie sich hin und schreibt einen Brief an die
Frau Mutter im fernen Ingenbohl.
Sie stützt den schmerzenden Kopf mit der Hand und
schließt die überanstrengten Augen. Sie versucht, sich
den friedlichen Abend am See vorzustellen. Es will ihr
nicht gelingen. Das Husten, Stöhnen und Jammern der
Verwundeten dringt durch das schadhafte Holz der
Türe. Endlich beginnt sie zu schreiben. Ihre sonst so
regelmäßige und ordentliche Schrift ist zitterig.
„Wie sinnlos ist es, was Menschen einander in diesem
furchtbaren Krieg antun! Heute starb in unserem Saal

ein knapp achtzehnjähriger Junge. Er hat mich im Fieber für seine Mutter gehalten. Gestern habe ich für einen Schwerverwundeten einen Brief an seine Braut geschrieben...

Unsere geduldige und liebevolle Zuwendung ist für die Männer wichtiger als die Pflege. Wie Sie es in Chur erfahren haben, als Sie selbst im Spital tätig waren, so ist es hier: wir haben kaum das Notwendigste an Medikamenten und Verbandszeug. Jeden Abend weichen wir die blutigen Mullbinden ein, waschen sie, ziehen und zupfen sie wieder auseinander, wenn sie getrocknet sind. Unser Chirurg ist sehr niedergeschlagen. Er operiert mit Hingabe und muss dann erleben, dass seine Patienten an einer Infektion zu Grunde gehen. Ich möchte mich trotz aller Schwierigkeiten nicht aus dem Lazarettdienst wegmelden, denn ich kann und darf hier viel Gutes tun..." Die Kerze flackert wild. Schwester Hildegard steht im Türrahmen. „Wir brauchen Ihre Hilfe, Schwester Amalie, ein neuer Verwundeter...!"

Am anderen Morgen ist auch das Lager des jungen Wieners wieder besetzt. Stumm und starr liegt da ein Mann in mittleren Jahren. Stirn und Augen sind mit einem blutigen Verband versehen. „Erneuern Sie diesen Verband nicht, Schwester Amalie! Der Arzt muss sich den Mann zuerst ansehen", sagt der Sanitäter. „Kann ich etwas für Sie tun, Herr Windeck?" fragt sie nach einem Blick auf das Begleitpapier. Zunächst bleibt der Verwundete stumm. Die blutleeren Lippen sind fest zusammengepresst. Sie harrt geduldig aus...

„Würden... würden Sie mir etwas zu trinken geben?" Sogleich holt sie einen Becher des klaren, kühlen Brunnenwassers, hebt Kopf und Oberkörper des Mannes vorsichtig an und führt den Becher an seinen Mund. Er trinkt in durstigen Schlucken. „Danke!" murmelt er dann, als sie ihn behutsam auf das Strohkissen zurücklegt. Später bringen Sanitäter den Patienten zum Chefarzt. Die Untersuchung dauert lange.

Schwester Amalie wird ins Untersuchungszimmer befohlen. Es ist ein schmaler, karg möblierter Raum, das ehemalige Büro des Schulleiters. Müde fährt sich der Arzt über die geröteten Augen. „Setzen Sie sich, Schwester Amalie! Ihr neuer Patient ist ein besonders schwerer Fall, nein, nicht wie Sie meinen. Seine Kopfverletzung heilt gut, aber der Treffer hat seine Sehnerven zerstört. Er ist blind, aber er weiß noch nicht, dass sich das sein Leben lang nicht mehr ändern wird…! Herr Windeck ist ein evangelischer Pfarrer aus dem Rheinland. Es hat ihn erwischt, als er sich auf dem Schlachtfeld um einen Schwerverwundeten bemüht hat.

Meiner Meinung nach ist dieser Pastor ein recht sensibler Typ. Ob er wegen seiner Blindheit nicht seinen ganzen Lebensmut oder mindestens seinen Glauben einbüßt? Ich weiß es nicht – aber ich befürchte es. Dann besteht die Gefahr, dass er sich etwas antut." Schwester Amalie wirft ein: „Selbstmordgefahr? Bei einem Pastor?" Der Arzt wirkt verärgert. „Seien Sie bitte nicht so naiv, Schwester! Ein Pastor ist durchaus nicht gegen das furchtbare Gefühl der Ausweglosigkeit gefeit. Er ist auch nur ein Mensch, und er darf seine Schwächen und Fehler haben wie Sie und ich. Ich bitte Sie: Nehmen Sie sich dieses Patienten besonders an und zeigen Sie ihm als Barmherzige Schwester etwas von der Barmherzigkeit Gottes.

Der arme Kerl hat erst vor einem Monat geheiratet und eine neue Pfarrstelle angetreten. Er ging nur auf das

Schlachtfeld, um Sterbenden beizustehen. Das habe ich Ihnen bereits gesagt. Er wird es als Ungerechtigkeit empfinden, dass seine Tat der Nächstenliebe scheinbar, ‚von oben‘ bestraft worden ist. Bereits dass er verwundet wurde, sieht er als Ungerechtigkeit Gottes an. ‚Gott ist die Liebe‘, gab er mir bitter zu verstehen. ‚Soll ich noch daran glauben?‘ Wie wird er erst reagieren, wenn er weiß, dass er niemals wieder sehen wird?"

Schwester Amalie wundert sich über das Mitgefühl des Arztes, von dem sie immer angenommen hat, dass er dem Leiden und Sterben im Lazarett nüchtern und sachlich gegenübersteht. Sie befolgt treu seine Anordnungen und behält Pfarrer Windeck besonders im Auge. Der Pfarrer ist kein angenehmer Patient. Mürrisch, verdrossen und zugleich ungeduldig verlangt er, dass die Binde endlich von seinen Augen entfernt wird. „Holen Sie mir was zu trinken", fordert er. Der große Krug mit dem frischen Brunnenwasser ist leer. „Ich muss schnell neues Wasser holen, Herr Pastor. Ich bin gleich wieder da", sagt sie freundlich. „Und wann nehmen Sie mir endlich die Binde von den Augen?" ruft er ihr nach.

Sie ist schon aus dem Raum. „Hör' endlich auf zu jammern!" brummt ein Verwundeter neben ihm. „Machst einen ganz verrückt mit deinem elenden Geschwätz! Weißt du denn nicht, warum sie dir die Binde nicht abnehmen? Du bist blind!" Ein lauter Schrei antwortet ihm. „Blind? Blind?" stammelt der Pastor. „Blind?" Dann zerrt er sich die Binde von den Augen, reißt die Lider weit auf, tastet mit zitternden Fingern danach, fühlt die Narbe an seiner Schläfe, sieht nichts… Nichts! Er ist blind!

Ein jähes Aufschluchzen, dann birgt er seinen Kopf in beiden Händen. Blind… ewige Nacht…! Wie soll er sein Amt als Pfarrer verwalten? Und was wird Barbara sagen? Wird sie einem blinden Ehemann treu bleiben?

Entsetzt betrachtet Schwester Amalie den weinenden Mann, als sie mit dem Wasserkrug zurückkommt. „Wie konnte das passieren?" „Ich hab' ihm die Wahrheit gesagt", brummt sein Nachbar. „Ich konnte sein Gejammer nicht mehr anhören. Aber ich befürchte, nun wird es noch schlimmer werden. Hätte ich doch nur meinen Mund gehalten!" „Das kann man wohl sagen!" seufzt die Schwester ärgerlich. „Der Chefarzt wollte es dem Pastor selbst beibringen. Herr Pastor, fassen Sie sich...!"
Sie will ihm gut zureden. Da reißt er mit einer wilden Bewegung den Kopf hoch und fährt sie an: „Kommen Sie mir jetzt nicht mit irgendwelchem frommem Geschwätz, Schwester! Das kann ich nicht ertragen. Lassen Sie Ihren lieben Gott außen vor..." Was soll sie tun? Was soll sie unternehmen? Jetzt erst versteht sie die Warnung des Arztes, dass sich der Pastor selbst in Gefahr bringen könnte. Hilflos steht sie am Lager des verzweifelt Schluchzenden. Käme nur der Pfleger vorbei, damit sie den Arzt benachrichtigen könnte! Mit taubem Gefühl in den Händen hebt sie die Binde vom Boden auf. Da vernimmt sie eine Stimme, die ihr vertraut ist und die ihr nun wie ein Geschenk des Himmels vorkommt...
„Liebe Schwester Amalie, ich wollte mich einmal persönlich davon überzeugen, wie es meinen Schwestern in den Lazaretten geht." „Oh, Frau Mutter, dass Sie gekommen sind!" Sie hat Tränen in den Augen und klammert sich, ganz gegen ihre sonst so beherrschte Art, an die starken, guten Hände von Mutter Maria Theresia.

Wie gerufen, kommt auch der Sanitäter in den Saal. Schwester Amalie erstattet dem Chefarzt Bericht über den Vorfall mit Pastor Windeck. Der flucht ausgiebig und begibt sich raschen Schrittes zu dem Blinden. Sie sitzt unterdessen im kleinen Stübchen des benachbarten Gasthauses bei Mutter Maria Theresia und redet sich alles Leid und alle Not von der Seele. „Wenn der Arzt es gestattet, löse ich Sie bei Pastor Windeck ab, Schwester Amalie! Sie sind ohnehin erschöpft von dem anstrengenden Pflegedienst und all dem Elend, das Sie hier erleben." Ein Stein fällt der Schwester vom Herzen, aber sie wendet ein: „Frau Mutter, Sie sind gewiss erschöpft, vielleicht mehr als ich! Die lange mühsame Reise…!"

Nur eine Laterne spendet mattes Licht im Krankensaal des Behelfslazaretts. Mutter Maria Theresia sitzt auf einem niedrigen Schemel in der Nähe des Lagers, auf dem stumm und schlaflos der blinde Pastor liegt. Es kommt ihr beinahe so vor, als wäre sie im Kreuzspital, in der Planaterra oder als junges Mädchen im Bürgerspital zu Luzern. Der immer gleiche Geruch von Elend, Krankheit und Tod ist ihr vertraut, auch das Schnarchen, Stöhnen und Husten…

Ihre Gedanken gehen weit zurück und verweilen bei den vielen Menschen, die ihr hilfreich oder hindernd begegnet sind. Dankbar sieht sie die Führung und Fügung Gottes in ihrem Leben. Im stillen Rückbesinnen versteht sie den Segen des Kreuzes tiefer denn je. Aber es war eine harte Schule zu lernen, das Kreuz anzunehmen und zu bejahen, ehe sie seinen Segen erfahren hat.

Ein Räuspern des Blinden schreckt sie auf. „Können Sie nicht schlafen, Herr Pastor?" flüstert sie. „Wer sind Sie?"

fragt er leise zurück. „Schwester Maria Theresia aus Ingenbohl in der Schweiz. Dort befindet sich das Mutterhaus der Barmherzigen Schwestern vom heiligen Kreuz, die hier pflegen", gibt sie wispernd Auskunft. „Vom heiligen Kreuz!?", kommt es höhnisch und bitter zurück. „Wissen die ehrwürdigen Schwestern denn überhaupt, was Kreuz ist – oder tragen sie nur diesen frommen Namen?"

Sie versteht die Not des Blinden. Sie muss versuchen, ihn aus seiner Erstarrung und Verbitterung zu lösen, koste es, was es wolle. Sein schweres Kreuz ist eine einmalige Chance, um ganz zu Gott hinzufinden und für andere zum Segen zu werden.

Ohne zu zögern erzählt sie ihm flüsternd von dem Kreuzweg, den sie und ihre Schwestern gegangen sind, den Jahren der Unsicherheit und der dauernden Neuorientierung auf den vielen verschiedenen Posten in jungen Ordensjahren, den immer neuen, fordernden Plänen des Pater Theodosius, der schmerzlichen Trennung von Menzingen und den zermürbenden Missverständnissen. Nüchtern und zurückhaltend, vielleicht darum so ergreifend berichtet sie von der harten Arbeit, dem Kreuz der ständigen Armut und schließlich auch dem Kreuz, das Pater Theodosius' Erbe für sie bedeutet hat, die große Schuldenlast… Sie vergisst auch nicht das Scheitern der großartigen Sozialpläne in den drei Fabriken.

Anfangs wird er wohl nur widerwillig zugehört haben. Bald ist er von ihrem ehrlichen Bericht so gefangen, dass er sein Selbstmitleid vergisst. „Was haben Sie alles mitgemacht, Schwester Maria Theresia!" staunt er schließlich. „Für mich war das Kreuz bisher nur Theorie, über die ich zu anderen predigte. Mein Leben ist glatt und problemlos verlaufen, bis… ja, bis…!" Er stockt. „Bis Ihnen Gott das Kreuz anbot. Ergreifen Sie es! Nehmen Sie es als eine Möglichkeit an, Gott inniger lieben zu lernen und ihm auf neue, tiefere Weise zu dienen.

In cruce salus … Im Kreuz ist Heil! Verkünden Sie Ihren Gläubigen aus der Erfahrung persönlichen Leides heraus das Evangelium! Nehmen Sie Ihr Leben um Christi und um der Menschen willen tapfer in die Hand. Nutzen Sie die natürlichen Möglichkeiten, die sich Ihnen bieten. Lernen Sie die Blindenschrift. Ich weiß zufällig, dass in Freiburg bereits eine Blindenschule besteht, die sich besonders der Kriegsblinden annimmt.

Wir haben dort eine Niederlassung. Ich kann Ihnen versichern, dass meine Schwestern Ihnen gerne behilflich sein werden und Ihnen Quartier gewähren für die Dauer Ihres Kurses …!" Atemlos ist er der raschen Darlegung ihrer Pläne gefolgt. Sein einziger Einwand lautet: „Ich bin doch evangelisch und dazu Pastor!" „Das ist mir bekannt, Pastor Windeck. Wissen Sie, was ich morgen früh tun werde? Ich schreibe Ihrer Frau einen Brief, berichte ihr alles. Ich werde sie bitten, hierher zu kommen!" „Sie sind eine wunderbare Frau, Schwester Theresia" stammelt er ergriffen. „Wenn sie bei mir bleibt, werde ich es schaffen."

Es vergeht nicht viel Zeit, bis Frau Barbara Windeck im Lazarett eintrifft und ihren Mann heimholt. Später will er nach Freiburg fahren und die Blindenschrift erlernen. Er wird sein Leben meistern. „Grüßen Sie Ihre Frau Mutter, Schwester Amalie, und sagen Sie ihr bitte, dass ich bereits jetzt erfahre, dass im Kreuz auch Segen liegt…!"

Einige Jahre des Friedens sind Mitteleuropa beschieden, aber bereits 1870 bricht ein neuer Krieg aus. Deutschland und Frankreich liefern sich blutige Gefechte und verlustreiche Schlachten. Die Schweiz bleibt neutral, doch die Kreuzschwestern stehen wieder an der Front der barmherzigen Liebe in Spitälern, Verwundeten- und Seuchenlazaretten.

13

„HABEN SIE MICH VERFOLGT ..."

Mutter Maria Theresia gönnt sich zwischen ihrer Arbeit einen Spaziergang durch den Garten. Sie betet ihren Rosenkranz. Dabei ist sie ganz gesammelt. Danach betrachtet sie voller Freude die Blumenbeete. Es fällt ihr nicht schwer, zum Geber alles Guten hinzufinden. Das kleine Kräutlein, die schlichte Wiesenblume und die stolze Rose führen sie zu ihm.

Abschied nehmend streift ihr Blick den Vierwaldstättersee. Er spiegelt stets den Himmel wieder... Da bemerkt sie eine junge Frau, die ein wenig ratlos und zögernd zur Klosterpforte hin- und dann wieder zurückgeht. Hat sie nicht den Mut anzuklopfen?

„Guten Tag! Kann ich Ihnen behilflich sein?" fragt Mutter Maria Theresia freundlich. Erschrocken zuckt das Mädchen zusammen und dreht sich nach ihr um. Sie hat ein frisches, sonnengebräuntes Gesicht. Unsicher nestelt ihre Rechte an den Schnüren des Mieders. Eine Bettlerin ist dieses Mädchen in der schmucken Landestracht jedenfalls nicht. „Ich ... ich möchte da hinein", murmelt sie verlegen. „Wollen Sie eine bestimmte Schwester sprechen?" hilft ihr die Ordensfrau. Die junge Person beißt sich auf die Lippen. Dann gibt sie sich einen Ruck und nickt. „Ja, die Schwester Oberin", stößt sie hervor und errötet. „Ich komme von Altdorf. Ich möchte sie fragen, wie es so ist, wenn man ins Kloster gehen will." Sie atmet nach ihren unbeholfen formulierten Worten auf. „Sie kommen von Altdorf? Da haben Sie ja schon einen weiten Weg hinter sich. Ich nehme Sie mit. Sie stärken sich zuerst ein wenig!"

In der Stube neben der Pforte trinkt die Besucherin aus Altdorf in vollen Zügen den Becher frische Milch aus und verzehrt, was ihr angeboten wurde. „Ach, tut das gut!" meint sie dankbar. Dann blickt sie Mutter Maria Theresia an. „Würden Sie mir nun die Schwester Oberin holen, Schwester?" bittet sie bescheiden. „Die ist bereits bei Ihnen, mein Fräulein", antwortet die Generaloberin und genießt den Ausdruck der Überraschung auf dem Gesicht des Mädchens. „Oh, das habe ich gar nicht bemerkt! Sie sehen so aus wie die anderen Schwestern", staunt sie naiv. Zuerst muss sie die neue Erkenntnis verarbeiten, dass eine Oberin sich hier nicht durch ein besonderes Zeichen von den übrigen Schwestern unterscheidet…

Von draußen hört man ein Knarren von Wagenrädern und den Ruf eines Mannes durch das geöffnete Fenster. „Wir werden hier in Ingenbohl scheinbar nie mit dem Bauen fertig. Unser Kloster ist schon wieder zu klein geworden für unsere große Gemeinschaft", stellt Mutter Maria Theresia im Plauderton fest. Sie will die junge Frau anregen, selbst ihr Anliegen vorzutragen. „Frau Oberin, ich bin Rita Müller aus Altdorf. Ich möchte gerne Barmherzige Schwester werden und für die Armen arbeiten. Aber mein Vater weigert sich, mir die Erlaubnis zu geben. Meine Mutter und meine Geschwister verstehen meinen Wunsch, aber den Vater kann ich nicht überzeugen. Er will mich unbedingt verheiraten. Ich bin erst achtzehn Jahre alt und muss seine Erlaubnis zum Eintritt haben. Aber ich möchte nicht noch zwei oder drei Jahre warten müssen. Ich möchte gleich kommen!"

Mit diesen stürmisch hervorgebrachten Worten streckt Rosa der Generaloberin flehend beide Hände entgegen. Es sind gute Hände, deren Handflächen von schwerer Arbeit zeugen. Diese Hände falten sich gewiss oft zum Gebet. „Fräulein Rita, ich freue mich über Ihren Wunsch. Ich glaube Ihnen auch, dass Sie es ehrlich meinen. Ja, Sie brauchen die Zustimmung Ihres Vaters für den Einritt bei den Barmherzigen Schwestern vom Heiligen Kreuz. Würden wir Sie heimlich aufnehmen, wäre das ungesetzlich und zudem Ihrer Familie gegenüber ein großes Unrecht."

Rita Müller lässt die Hände in den Schoß sinken und hebt sie mit einer hilflosen Geste wieder an. „Was soll ich denn tun, Frau Oberin? Wenn ich an meinem Entschluss festhalte und jahrelang zuhause warte, wird der Vater mir unaufhörlich zusetzen, und wir haben keinen Frieden mehr im Haus. Alle würden darunter leiden. Ich weiß nicht, ob ich jahrelang durchhalten kann oder ob ich schließlich um des lieben Friedens willen nachgebe. Sagen Sie mir bitte, was ich tun soll! Ich kann betteln und flehen, der Vater sagt immer nur Nein. Er ist so dickköpfig wie unser Max." „Wie der Max?" wundert sich Mutter Maria Theresia. „Das ist unser Ochse. Heuer hat er ihn zum Bäumeschleppen mit auf die Alp genommen. Der Vater ist Senn auf dem Gämsstock. Er kommt erst im Herbst wieder nach Altdorf."

Die Oberin schmunzelt ein wenig bei dem Vergleich des Vaters Müller mit dem Ochsen Max. Dann meint sie nachdenklich: „Hm, wie wäre es, wenn ich einmal mit Ihrem Vater sprechen würde? Könnte Ihnen das eine Hilfe sein? Was meinen Sie?" Rita senkt den Kopf. „Er würde es Ihnen nicht leicht machen, Frau Mutter. Er kann sehr grob werden. Die Altdorfer können ein Liedchen davon singen. Außerdem ist es bis zu unserer Alphütte ein ordentlicher Fußmarsch. Es geht steil bergauf!" „Dann erklären Sie mir den Weg, Fräulein Rita! Ich suche Ihren Vater auf, und ich verspreche Ihnen, dass ich alles tun werde, um Ihnen die Erlaubnis zum Ordenseintritt zu erwirken! Sie gehen bitte derweil nach Altdorf zurück, warten geduldig und beten für ein gutes Gelingen meiner Mission."

Beim Abendessen berichtet Mutter Maria Theresia ihren Schwestern von den Nöten der zukünftigen Kandidatin Rita Müller. „Nicht wahr, Sie teilen meine Ansicht, dass man diesem guten Mädchen helfen muss? Wer von Ihnen wäre bereit, mich auf diese Klettertour zum Gämsstock zu begleiten? Wer sich meldet, muss aber ausdauernd und schwindelfrei sein. Nach Ritas Schilderung ist der Pfad recht steil …
Ich möchte bereits morgen gehen. Ein Ordensberuf ist eine Kostbarkeit und jede Mühe wert. Sagen Sie mir nach der Vesper Bescheid. Am besten gehen wir zu dritt." Frohe Bereitschaft steht in den Gesichtern. „Wir brechen sofort nach dem Frühstück auf und nehmen die Verpflegung für den Tag mit."

Der Morgen beginnt nicht gerade verlockend. Wolken hängen tief im Talkessel und lassen den See grau und bleiern erscheinen. Die Berge sind in dichten Nebel gehüllt. Die Stimmung lichtet sich nicht, als die drei Kreuzschwestern mit dem Aufstieg beginnen. Hintereinander steigen Mutter Maria Theresia, Schwester Perpetua und Schwester Monika auf schmalem und kiesigem Pfad bergan. Er windet sich zwischen Tannen und Gestrüpp dahin. Nebelfetzen treiben im kalten Wind umher. Sie behindern die Sicht. Die Gegend wirkt trostlos und tot. Der Regen hat zwar aufgehört, aber an dem struppigen Gras, den dürftigen Blumen und Kräutern hängen dicke Tropfen. Sie durchnässen die Säume der Ordenskleider. Feuchtigkeit liegt in der Luft. Sie erschwert das Atmen. Anfangs haben die drei Schwestern gemeinsam einen Rosenkranz gebetet. Auf dem steilen Bergpfad verstummen sie. Nur gelegentlich krächzt ein Rabe misstönend durch den Nebeldunst. Werden die Kleider nicht immer schwerer?

Die feuchte Stille ist bedrückend. Unwillkürlich spähen sie umher, suchen die Nebelwand zu durchdringen und eine Spur tierischen oder menschlichen Lebens zu finden. „Wenn wenigstens eine Gämse unseren Weg kreuzen würde", flüstert Schwester Perpetua ihrer Gefährtin zu. „Es ist fast unheimlich hier." Schwester Monika gibt keine Antwort. Sie hebt mit einer vagen Geste die Hand. Ihr ist ebenfalls ungemütlich zumute. Mutter Maria Theresia steigt mit sicheren, gleichmäßigen Schritten weiter bergan. Ob sie die seltsame Atmosphäre dieses Morgens in den Bergen nicht berührt?

Ruhig setzt sie ihre schweren Schuhe auf den Pfad. Sie weicht den Unebenheiten geschickt aus und denkt nicht daran, eine Verschnaufpause einzulegen. Nur einmal bückt sie sich, hebt einen abgebrochenen Ast auf und wirft ihn zur Seite. Die beiden Schwestern folgen ihr getreu. Langsam wird der Aufstieg beschwerlicher. Ihr Puls beschleunigt sich, und sie holen Atem mit halboffenem Mund. „Und dabei ist die Frau Mutter fast doppelt so alt wie wir!", flüstert Schwester Monika. „Würde nur der Nebel endlich verschwinden!"

Da scheint plötzlich ihr Stoßseufzer Erhörung gefunden zu haben. Mit einem Mal lösen sich die Nebelfetzen so rasch auf, als habe eine mächtige Hand sie weggewischt. Bergblumen blühen in der Morgensonne. Sie scheint auf eine weite, sattgrüne Wiesenfläche. Kuhglocken erklingen. Am Saum des Mischwaldes liegt eine niedrige Alphütte aus klobigen, altersbraunen Stämmen. Ein klarer Bach bahnt sich murmelnd den Weg aus dem Unterholz bis nahe an den Bergpfad. „Wir haben unser Ziel erreicht. Das ist die Tannalp", stellt Mutter Maria Theresia zufrieden fest. Ihre Begleiterinnen atmen auf.

Kühe trotten neugierig herbei und betrachten die Wanderinnen mit ihren großen, feuchten Braunaugen. Ein zottiger Hund stürmt auf sie zu, kläfft ein paar Mal und wedelt aber gleich verträglich, als Schwester Monika ihm gut zuredet. „Komm, sei ein guter Hund! Wir wollen hier gar nichts Böses!" Er schnüffelt an ihrer ausgestreckten Rechten. Sie muss daran denken, wie oft sie daheim mit dem Hirtenhund Kühe und Schafe gehütet hat. Hier ist ihr alles heimatlich vertraut.

Nun sehen sie den Senn. Er kommt geradewegs auf sie zu, eine stattliche Gestalt mit einem wettergegerbten Gesicht. Seine schmalen Augen mustern sie misstrauisch und unfreundlich. In einiger Entfernung bleibt er stehen und stützt sich auf seinen Knotenstock. „Grüß Gott! Sie sind doch der Herr Müller, nicht wahr?" sagt Mutter Maria Theresia freundlich, geht auf ihn zu und will ihm die Hand reichen. Er krampft seine beiden Hände nur fester um seinen Stock und sieht sie finster an. „Was wollen Sie hier?" fragt er barsch, ohne den Gruß zu erwidern. „Warum sind Sie auf die Tannalp gekommen?" Trotz dieser Unfreundlichkeit bleibt die Generaloberin ruhig und gelassen.

„Sie können mir nicht weismachen", höhnt er, „dass Sie nur eine Bergtour machen! Schwestern tun so etwas nicht." Sie nickt ihm bestätigend zu. „Ja, da haben Sie Recht. Wir können uns das im allgemeinen nicht leisten. Wir haben zuviel Arbeit." Er lacht laut auf. Es klingt nicht etwa heiter, sondern hämisch. „Arbeit? Pah, nennen Sie das Arbeit, wenn Sie in der Kirche auf den Knien rutschen? Haben Sie etwa Schwielen in den Händen? Haben Sie sich jemals die Hände schmutzig gemacht?" Mutter Maria Theresia möchte aufbegehren. Sie muss ihre heftiges Temperament bezähmen. Dieser Senn ist zu unverschämt. Da sieht sie den dicken Ochsen Max, der zu ihnen herüberglotzt, und sie lächelt in Erinnerung an Ritas Worte. Während die beiden jungen Schwestern Laute des Unmutes ausstoßen, meint sie: „Halten Sie ein, Herr Müller! Sie stellen völlig unsinnige Behauptungen auf! Was haben unsere Schwestern denn in den Frontlazaretten der beiden letzten Kriege getan? Was tun unsere Schwestern in den Spitälern, in den Armen- und Altenheimen, in Waisenhäusern, Kindergärten und Horten? Das Mutterhaus besitzt auch eine ansehnliche Landwirtschaft. Schwestern misten den Stall aus und melken die Kühe und Ziegen, wenn der Klosterknecht eine andere Arbeit zu verrichten hat ...!"
Wieder ertönt sein spöttisches Lachen. „Ah, jetzt verstehe ich Sie! Dafür wollen Sie meine Rita haben. Dafür wäre sie Ihnen gut genug. Stallarbeit kann sie auch tun, wenn sie einen Bauern heiratet und Kinder in die Welt setzt. Ich habe es mir gleich gedacht, dass Sie wegen meiner Rita hier sind!" Er blickt sie lauernd und böse an. Der zottige Hütehund knurrt.
„Ja, Sie haben es erraten. Wir sind wegen Rita zu Ihnen gekommen. Sie hat mich in Ingenbohl aufgesucht. Rita

möchte Barmherzige Schwester werden." Er mustert sie vom Kopf bis zu den Füßen. „Sie sind also die Oberin. Habe es mir schon gedacht. Wahrscheinlich sind Sie eine der feinen Bürgerstöchter aus Luzern oder aus Schwyz und haben keine Ahnung von harter Bauernarbeit…" schimpft er ungehalten. Die jungen Schwestern fühlen sich unbehaglich. Dieser ungehobelte Mann wird auf keinen Fall nachgeben.

Die Frau Mutter lässt sich nicht beirren. Ihre beiden Begleiterinnen beobachten die Szene mit angehaltenem Atem. Ganz ruhig und mit schier grenzenloser Geduld antwortet sie dem Spötter. „Oh, Sie irren sich gründlich. Ich bin eine einfache Bauerntochter aus Meggen…" Schon wieder unterbricht er sie unhöflich. „Ach – und Sie sind mit allen Arbeiten auf dem Hof vertraut? Heh? Das müssen Sie mir erst beweisen!" Er zeigt auf den Melkschemel. „Wenn Sie es schaffen, die Maja auszumelken, dann überlege ich mir die Sache wegen meiner Rita noch einmal!"

Er ist überzeugt, dass die Schwester die unverschämte Herausforderung nicht annimmt. Er führt ihr die geduldige Kuh Maja zu. Die Ordensfrau streichelt das Tier zwischen den Hörnern. „Wollen wir es miteinander versuchen, Maja?" fragt sie freundlich und steckt ihre Ärmel hoch. „Soll ich die Kuh nicht lieber melken, Frau Mutter?" bietet sich Schwester Perpetua an. Der Senn grinst. „Die Frau Mutter persönlich! Welche Ehre für dich, Maja! Die Frau Mutter persönlich wird dich melken! Hoffentlich weißt du das auch zu schätzen! Eine Stellvertreterin nehme ich nicht an! Ich bin gespannt, wie viele Tropfen Milch herauskommen werden…!"

So gelassen, als habe der Senn kein Wort gesagt, greift Mutter Maria Theresia nach dem Melkschemel und setzt sich. Beinahe zärtlich streicht sie mit dem bloßen Unterarm über die warme Flanke des Tieres, die sich im Rhythmus des Atmens bewegt. Dann greift sie nach den Zitzen des Euters und beginnt mit gleichmäßigen Bewegungen zu melken. Gott sei Dank – sie hat nichts von dem verlernt, was die Magd Emmerenz der kleinen Katharina in Meggen beigebracht hat! Die Kuh spürt die kundigen Hände und hält still. Die Melkbewegungen sind angenehm sanft.

Der Milchstrahl schießt in den Eimer, der sich schäumend zu füllen beginnt. Dem Senn sind die Worte im Hals stecken geblieben. Mit offenem Mund beobachtet er die Melkerin. Die beiden Schwestern wundern sich. Sie haben nicht gewusst, dass ihre Frau Mutter melken kann, wenn gleich sie ihr vieles zugetraut haben! Sie sahen sie bei der Küchen- und Gartenarbeit, wenn dort Not war. Sie wussten, dass sie in der Wäscherei ausgeholfen hatte, dass sie Steine und Mörtel für den Bau geschleppt hatte… „Hätten Sie das gedacht, Schwester Perpetua", murmelt Schwester Monika mit einem breiten Lächeln. „Was kann unsere Frau Mutter eigentlich nicht?"

Ohne sich um ihre Umgebung zu kümmern, melkt Mutter Maria Theresia die Kuh aus. Sie steht auf, klopft dem Tier auf die Flanke und reicht dem Senn den gefüllten Eimer. „Nun? Habe ich den Beweis gebracht, den Sie wollten, Herr Müller?" Er nickt stumm. „Und wie steht es jetzt mit der Erlaubnis für Rita? Sind Sie nun überzeugt, dass sie bei uns nicht ausgenutzt wird?" Sie löst die Sicherheitsnadeln von den hochgekrempelten Ärmeln. „Kann ich mir am Brunnentrog die Hände waschen?" Wieder nickt er, ohne ein Wort zu sagen. Offensichtlich hat er innerlich einen schweren Kampf auszufechten…

Sorgfältig wäscht Mutter Maria Theresia die Hände und genießt die frische Kühle des Wassers. Anschließend schlenkert sie die Hände so lange in der Luft, bis sie trocken sind. Sie schaut dem Senn offen ins Gesicht. Er tut einen gewaltigen Schnaufer. „Sie haben gewonnen, Frau Mutter! Ich geb' Ihnen meine Rita!"
Jetzt nimmt er auch die Hand, die sie ihm reicht. „Es fällt mir nicht leicht. Rita ist mein besonderer Liebling."
„Der Herrgott weiß darum, Herr Müller. Er wird es Ihnen lohnen und auch Ihre Rita beschützen. Sie geben sie ja Ihm, dem sie in den Menschen dienen wird."

„Ich bewundere Sie, Frau Mutter, dass Sie wegen einer Kandidatin all das auf sich genommen haben", meint Schwester Perpetua auf dem Heimweg zu ihr. „Jeder Mensch ist unseren ganzen Einsatz wert, wenn man uns nur helfen lässt…!"

Rita Müller tritt in Ingenbohl ein. Sie erhält bei der Einkleidung den Namen Katharina. Sie erlernt die Krankenpflege und wird eine einsatzfreudige und fröhliche Barmherzige Schwester vom Heiligen Kreuz. In der Erholung erzählt sie ab und zu mit einem Schmunzeln, wie Mutter Maria Theresia dem Vater die Erlaubnis zum Klostereintritt abgeknöpft hat, nämlich durch das Ausmelken der Kuh Maja!
Vater Müller ist auf seine alten Tage ein stolzer ‚Klostervater' geworden. Wenn er nach Ingenbohl kommt, um seine Tochter zu besuchen, ist es ihm eine Ehrensache, auch der Generaloberin einen Besuch abzustatten. Inzwischen hat er seinen Söhnen den Hof und die Tannalp auf dem Gämsstock übergeben. Er selber ist zum eifrigen Zeitungsleser und zum Lokalpolitiker geworden.

„Was da so manche Zeitungen in der Schweiz gegen die Kirche und gegen die Klöster schreiben, das gefällt mir gar nicht", meint er bei einem seiner Besuche. „Da braut sich doch etwas zusammen. Es sieht so aus, als wollte man die Klöster abschaffen. Die Hetzerei bedrückt mich sehr. Ich weiß noch, wie Sie mir damals auf der Tannalp gesagt haben: ‚Jeder Mensch ist unseren ganzen Einsatz wert, wenn man uns nur helfen lässt!' Helfen lässt... Ja. Frau Mutter, will man das denn verhindern?"

Sie sieht ihn ernst an. „Es hat zumindest den Anschein, Herr Müller. Der Kampf gegen die Kirche und die Klöster ist in vollem Gange. Er wird noch heftiger werden. Die liberale Presse scheut vor keiner Verleumdung zurück. Aber denken Sie an das Wort: ‚Haben sie mich verfolgt, so werden sie auch euch verfolgen!' Drüben im Deutschen Kaiserreich ist es schlimmer als bei uns. Hier machen nicht alle Kantone mit. In Deutschland fügen sich fast alle Länder dem Diktat des Kanzlers von Bismarck. Bischöfe werden ihres Amtes enthoben, und Klöster werden enteignet, die Patres und Schwestern ausgewiesen.

Ich fahre morgen nach Baden und Württemberg und hole einige unserer vertriebenen Schwestern nach Ingenbohl." Vater Müller ist entsetzt. „Aber was haben die Schwestern denn Böses getan?" „Sie haben den Menschen gedient." „Wie soll das noch alles enden?" seufzt der alte Mann bedrückt. „Mit dem Sieg dessen, an den die Gegner nicht denken! Gott lässt seiner nicht spotten. Er lässt manches geschehen und seine Kirche die Last des Kreuzes tragen, aber er wird Sieger bleiben. ‚Seht, ich bin bei euch alle Tage, bis zum Ende der Welt'."

In den Niederlassungen der Schwestern in Süddeutschland spielen sich herzzerreißende Szenen ab, wenn die Schwestern ausgewiesen werden. In einem Kinderheim wollen die Waisen ihre Schwestern nicht ziehen lassen, klammern sich an sie und flehen sie an, doch bei ihnen zu bleiben. „Nun, Herr Inspektor, wie gefällt Ihnen dieses Schauspiel?" fragt Mutter Maria Theresia den Beamten, der die Abreise der Schwestern überwachen soll. Er wehrt ab. „Ich habe meine klaren Anweisungen, die ich befolgen muss, Frau Oberin." Sie ist empört. „Glauben Sie denn im Ernst, dass sich die Schwestern gegenüber dem Staat schuldig gemacht haben?" Seine Miene wird steinern. „Was ich glaube, tut nichts zur Sache. Ich befolge nur meine Weisungen. Ich bin Beamter!"

Aber das Wort dieser eindrücklichen Schwester vermochte ihn zu erweichen. Er lässt den Schwestern trotz gegenteiliger Anweisungen seiner Behörde reichlich Zeit zum Abschiednehmen, duldet die Sympathiekundgebungen der Bevölkerung und kontrolliert keines der Gepäckstücke, die verladen werden. Manches Geschenk der Leute wandert in den Wagen. Er weiß das, und er verhindert es nicht. Schließlich reicht er der Frau Mutter die Hand und sagt: „Ich hoffe mit Ihnen, dass Ihre Schwestern recht bald wiederkommen dürfen."

Auf der weiten Reise nach Ingenbohl verübelt sie es den Ausgewiesenen nicht, wenn der Schmerz sie übermannt. Sie geht von einer Schwester zur anderen, hört sie geduldig an und spendet ihr Trost. „Liebe Schwester, überlegen Sie, wie gut Sie es trotz allem haben. Sie kommen nach Hause, ins Mutterhaus. Viele Schwestern anderer Gemeinschaften haben ihr Mutterhaus verloren, werden ausgewiesen und müssen mit leeren Händen irgendwo in der Fremde neu beginnen. Sie kommen nach Hause! Und dort werden ihre hilfreichen Hände gebraucht. In cruce salus!"

14

ALLES ZUR GRÖßEREN EHRE GOTTES

„Was aus dem Nigg'schen Hof im Laufe der Jahre geworden ist, könnte man ein Klosterdorf nennen", stellt Architekt Steiner aus Schwyz bewundernd fest. „Ich habe mir die alten Baupläne angesehen. Es ist bewundernswert, was Sie, ehrwürdigen Schwestern, im Laufe der Jahre gebaut, angebaut und umgebaut haben!" Gedankenverloren spielt seine Rechte mit den Dokumenten. Dann legt er sie sorgsam zusammen und überreicht sie der Ökonomin. „Heben Sie diese Pläne nur gut auf. Sie sind wie eine Chronik vom Wachsen Ihres Institutes, von Wagemut und Seeleneifer…!"

Nüchtern wirft Mutter Maria Theresia ein. „Ich würde außerdem sagen, dass sie einfach ein Zeugnis praktischer Notwendigkeit sind! Wir mussten bauen und immer wieder bauen, denn Jahr für Jahr brauchen wir mehr Platz, um die Kandidatinnen, die Schwestern und die Pensionäre unterbringen zu können. Es war uns auch ein Anliegen, Betten für arme Rompilger zur Verfügung zu haben. Unser Institut nahm dafür große finanzielle Belastungen auf sich.

Mittlerweile sind wir aber aus dem Gröbsten heraus und verfügen über die Mittel, um wieder einen Anfang zu wagen. Wir wollen unserm Herrn ein größeres und würdiges Haus bereiten, eine richtige Klosterkirche. Unser altes Kirchlein wird uns schwer abgehen. Aber wir müssen das Neue wagen und vom Alten Abschied

Kloster Ingenbohl 1888

nehmen. Das kleine Gotteshaus hat in zwanzig Jahren 69 Mal die Feier der Einkleidung und ebenso oft die Feier der heiligen Profess erlebt. Wie viele Gebete sind in Freud und Leid von dort zum Himmel aufgestiegen, besonders in der letzten Zeit, da die kirchenfeindliche Haltung in manchen Kantonen und der Kulturkampf in Deutschland eine ernste Drohung für das Fortbestehen unseres Instituts sein könnte."

Der Architekt stimmt ihr zu. „Ich kann wahrscheinlich nur ahnen, was der Abschied von der alten Kirche für sie bedeutet, Frau Mutter... Aber, lichten sich nicht wenigstens die finsteren Wolken des Kulturkampfes wieder?"

„Den Eindruck habe ich auch. Der Ton der Behörden wird bereits ein anderer, und ich hoffe, in absehbarer Zeit auch meine Schwestern wieder nach Deutschland zurücksenden zu können. Ja, der ganze Spuk wird vermutlich bald zu einem Ende kommen. Was haben wir denn getan, das eine Ausweisung rechtfertigen könnte? Wir haben den Menschen gedient, ohne Ansehen der Nationalität und der Konfession."

Herr Steiner nickt und sagt nachdrücklich: „Ihre tolerante und großzügige Haltung ist wohl einmalig. Leider gibt es in der katholischen Kirche viel konfessionelle Enge. Ich kenne ein sehr vornehmes katholisches Spital, das keine evangelischen Christen aufnimmt, selbst wenn ein Notfall vorliegt. Zudem muss der Patient vor der Aufnahme nachweisen, dass er den Aufenthalt im Spital und die Pflegekosten bezahlen kann!"

Erregt wirft eine der Schwestern ein: „Und wo bleiben die Armen, die mittellosen Frauen und Männer oder die Brüder der Landstraße?" Er zuckt die Achseln. „Man weist sie ab und überlässt sie ihrem Schicksal. Trotzdem betont man auch in diesem Spital, dass man im Dienst an den Kranken die Barmherzigkeit Jesu Christi nachahmt."

Architekt Steiner breitet die Baupläne der neuen Klosterkirche auf dem Tisch aus. „Darf ich Ihnen die Pläne noch einmal erläutern? In der ersten Phase wird die Baugrube für das Fundament ausgestochen, nachdem einige kleinere Gebäude abgerissen worden sind..."

Gespannt beugen sich die Schwestern vor, folgen seinen erklärenden Worten und seinem weisenden Zeigefinger. „Wahrlich, das ist ein kühnes Unternehmen, der Bau dieser Kirche!" murmelt die Ökonomin vor sich hin. „Wie lange setzen Sie die Bauzeit an, Herr Steiner?"

Er denkt eine Weile nach. „Vorsichtig geschätzt etwa zwei bis drei Jahre. Allerdings müssen Sie genügend Arbeitskräfte beschäftigen, die Männer zu fleißiger Arbeit anhalten und immer wieder neu zu motivieren versuchen. Keine Angst! Ihr Kirchenbau dauert keinesfalls so lange wie der Bau der Gotthardbahn! Wir müssen hier keine Felsen durchstoßen. Das Jahrhundertbauwerk der Schweiz wird wohl ein Jahrzehnt in Anspruch nehmen."

Mutter Maria Theresia lächelt über den Vergleich der beiden Bauvorhaben. „Für unser Institut ist der Bau der Klosterkirche ebenso wichtig wie für die Schweiz die Gotthardbahn. Können Sie uns in etwa sagen, wie groß die Zahl der Arbeiter sein muss, die wir ständig beschäftigen?" „Das ist nicht ganz einfach, aber ich schätze, dass es wenigstens siebzig bis achtzig Männer sein müssen. Das ist, wie gesagt, nur eine Schätzung."

„Danke, Herr Steiner! Ich werde die Schwestern im Mutterhaus und in den Niederlassungen ausgiebig über unser Bauvorhaben informieren. Die Schwestern sollen den Bau zu ihrem eigenen Anliegen machen, denn er wird von jeder Schwester persönliche Opfer verlangen. Wir müssen unbedingt einig sein in unserem Wollen und in unserem Tun. Für einige wird es bereits ein Opfer sein, den Baulärm zu ertragen, die hässlichen Schutthaufen zu sehen und die allgemeine Unruhe zu erleben, die mit dem Kommen und Gehen vieler Menschen und Fahrzeuge verbunden ist. Nicht jede kranke Schwester, die den Baubeginn mit uns feiert, wird den Abschluss erleben können."

In aller Ausführlichkeit erläutert Mutter Maria Theresia an einigen Abenden die Einzelheiten des Bauvorhabens. Sie macht kein Hehl daraus, dass es für jede Schwester gilt, den Bau der Klosterkirche durch persönliche Opfer zu unterstützen. Sie ist bemüht, Angst und Bedenken vor diesem Wagnis zu zerstreuen: „Wiederholt habt ihr mir euer Vertrauen geschenkt, liebe Schwestern! Nun bitte ich euch wieder um euer Vertrauen – sagen wir – um euren Vertrauensvorschuss in Bezug auf unseren Kirchenbau! Aber in erster Linie ist es Gott, auf den wir all unser Vertrauen setzen müssen? Das Gotteshaus wird zu seiner größeren Ehre errichtet."

Sie schweigt und blickt still in die zu ihr aufschauenden Gesichter. „Ich wünsche mir, dass sich keine Schwester von der Mitarbeit an diesem Werk ausschließt. Wir wollen alle dabei helfen! Wenn wir es durch Alter und Krankheit nicht mehr aktiv zu tun vermögen, soll unser Gebet Steine schleppen helfen... Ich weiß, dass ich nicht vergeblich an eure Großmut appelliere. Alles im Großen und im Kleinen geschehe fortan zur größeren Ehre Gottes und seiner heiligen Mutter Maria!"

Am 11. Juli 1878 bewegt sich eine Prozession von der alten Klosterkirche zum Bauplatz der neuen Kirche. Allen voran wird ein Kreuz getragen, das festlich gekleidete Ministranten mit hohen brennenden Kerzen begleiten. Die Flammen zucken und tanzen im Wind, auch das große Banner mit dem Bild der Gottesmutter schwankt ein wenig. Hinter den Sängerinnen schreitet die geladene Geistlichkeit in vollem Ornat, unter ihnen zwei Bischöfe.

In wohlgeordneten Reihen schreiten die Waisenkinder und Pensionärinnen so ernst und würdig daher, als seien sie sich der Wichtigkeit der Stunde voll bewusst. Nur ab und zu wagt eines der Kinder einen raschen Seitenblick auf die Berge und den See. Die Kandidatinnen, Postulantinnen, Novizinnen und Schwestern beschließen den langen Zug. Als Letzte kommt Mutter Maria Theresia. Sie hilft liebevoll und umsichtig einer kranken Schwester, die sich schwer auf einen Stock stützen muss.

Das Herz der Gründerin ist an diesem Tag der Grundsteinlegung voller Dank und Jubel. Gottes Güte kennt keine Grenzen!

In der weiteren Bauzeit braucht sie ihre Schwestern nicht erneut zur Hilfe zu ermuntern. Sie geht ihnen einfach mit ihrem Beispiel voran. Sie befördert Holz und Steine zum Bauplatz oder sie fährt Schutt zum abseits stehenden Pferdekarren. Gegen Mittag ist sie in der Küche. „Haben Sie eine kräftige Suppe für die Arbeiter gekocht, Schwester?" erkundigt sie sich und nimmt eine Kostprobe davon. Wehe, wenn die Küchenschwester aus Sorge, dass die Vorräte nicht reichen könnten, mit Fleisch oder Speck gespart hat!

An einem Mittag erhalten die Schwestern die Suppe, die für die vielen Arbeiter gekocht worden ist, und auf dem Bauplatz muss man sich mit der ‚mageren' Brühe begnügen. „Das kommt mir nicht noch einmal vor, Schwester!" sagt Mutter Maria Theresia streng und greift nach einer Schürze. „Frau Mutter, statt der siebzig Arbeiter haben wir nun hundert zu beköstigen, und außerdem kommen immer wieder Arbeiter von der Gotthardbahn und betteln um ein Mittagessen...", will sich die Schwester rechtfertigen.

Mutter Maria Theresia erwidert nicht. Sie trägt mit einer Novizin den schweren Suppentopf zur Baustelle. Geduldig reihen sich die Arbeiter mit Essgeschirr und Löffel in eine Schlange ein. Jeder erhält eine Kelle Suppe, die seinen Teller bis an den Rand füllt. Eine Novizin reicht jedem ein Stück Brot und einen Brocken Käse. Die Männer rücken langsam vor, aber sie warten mit

Geduld. Meist sind es junge Tessiner, kleine und wendige Burschen. Sie wissen, dass sie von der Madre Generale nicht nur einen Teller Suppe erhalten – sie hat für jeden ein aufmunterndes Lächeln und ein gutes Wort. Viele Arbeiter kennt sie mit Namen. Die Novizin staunt über ihr gutes Gedächtnis und ihren scharfen Blick. Für sie sieht ein Arbeiter wie der andere aus.

„Hat sich Ihre Verletzung wirklich gebessert, Emilio?" fragt die Frau Mutter eben einen der Männer. Er trägt einen etwas angeschmutzten Verband um das linke Handgelenk. „Gehen Sie auf alle Fälle zur Krankenschwester und lassen Sie sich den Verband erneuern." Emilio zeigt seine schneeweißen Zähne und strahlt sie an. Einem anderen Arbeiter reicht sie einen Brief, den sie auf seine Bitte hin geschrieben hat. Er will ihn seiner Familie schicken. Der Pfarrer seines Heimatortes wird ihn den Seinen vorlesen, weil sie wie er nicht lesen und schreiben können. Auch dieser Mann bedankt sich vielmals bei der guten Madre.

Mit den Schwestern, die an anderen Stellen für die Verköstigung der vielen Arbeiter gesorgt haben, kehrt Mutter Maria Theresia in die Küche zurück. Sie hilft beim Spülen der großen Kochtöpfe. „Wie selbstverständlich ihr das von der Hand geht", flüstert eine Novizin der anderen zu.

Die Küchenschwester steht neben der Generaloberin, als diese nach getanem Werk die Schürze ablegt. Sie tritt von einem Fuß auf den anderen und murmelt dann verlegen: „Ich möchte mich entschuldigen, Frau Mutter, weil ich... weil ich..." Sie winkt ab. „Lassen Sie es gut sein, Schwester, und bereiten Sie fortan den Arbeitern immer eine besonders gute Suppe. Auch das ist ein Werk zur Ehre Gottes." Sie ist müde und könnte eine

Ruhepause gebrauchen. Aber die Post will beantwortet werden, und einige Schwestern haben um ein persönliches Gespräch gebeten. Sie wird keine wegschicken.

Oft unterbrechen notwendige Reisen in die Niederlassungen ihre Mitarbeit am Bau der Klosterkirche. Sie ist bemüht, alles im Auge zu behalten, und bespricht sich regelmäßig mit dem Bauleiter, mit einzelnen Handwerkern und Arbeitern. Sie, die Mutter aller, hat stets ein offenes Ohr für die persönlichen Anliegen der Bauleute. Jeder einzelne Mensch ist ihr wichtig, und sie hilft, wo immer sie helfen kann.

Die Klosterkirche im neugotischen Stil nimmt langsam Formen an. Jetzt gilt es, das Innere zu gestalten, den Fußboden, die Kanzel, die fünf Altäre. Gekrönt wird die Kirche durch ein 87 Pfund schweres Kreuz auf dem Turm. In großen Lettern lässt Frau Mutter auf den Querbalken des Chorbogens schreiben: „Absit gloriari nisi in Cruce…" – Fern sei es mir, mich zu rühmen, außer im Kreuz Jesu Christi", das Programm ihres Lebens.

Besucher aus aller Herren Länder stellen sich ein und verlangen nach einem Gespräch mit Mutter Maria Theresia. Sie ist bekannter, als sie selbst ahnt. Trotz ihrer eigenen Arbeitslast widmet sie sich jedem, der da kommt, und seinen Anliegen, so als gäbe es für sie nur diesen einen Menschen. Der Arme wird ebenso wichtig genommen wie der durch Amt und Adel Hochgestellte. Sie macht keinen Unterschied. Sie ist es auch, die zuerst einen der Arbeiter von der Gotthardbahn bemerkt, der regelmäßig betrunken ist, wenn er wie seine Kameraden am Wochenende im Mutterhaus Ingenbohl um eine warme Mahlzeit bittet. Der Italiener aus einem Dorf bei Milano möchte sein Heimweh mit billigem Schnaps betäuben.

„Diesen Luigi müssen wir fortschicken, Frau Mutter", ereifert sich Schwester Agathe, „er kommt an jedem Samstag betrunken hier an, kann kaum noch stehen und sprechen..." „Haben Sie ihn auch gefragt, warum er so viel trinkt, Schwester Agathe?" Die Schwester sieht sie beinahe erschrocken an. „Sollte ich das tun, Frau Mutter? Das ändert doch nichts an der Tatsache, dass er stets betrunken ist. Sie werden ihm noch kündigen, wenn er so weitermacht?!"

„Und das wollen Sie einfach zulassen, Schwester?" fragt Mutter Maria Theresia und geht auf den Betrunkenen zu, der stumpfsinnig auf einem Mauerbrocken hockt. „Sie haben schon wieder zuviel getrunken, Luigi", stellt sie fest. Er steht schwankend auf und lallt: „Ecco, Madre. Ho fatto." – Ja, Mutter, das habe ich getan. Sie rümpft ein wenig die Nase, als sie seinen alkoholschwangeren Atem riecht. „Aber warum tun Sie das, Luigi? Das kann Sie Ihre Arbeit kosten!"

Er ringt mit den Händen. „Nostalgia ... Heimweh, Madre ...! Nach Dorf, Frau und vier Bambini. Luigi ist allein..." „Das Trinken macht es nur noch schlimmer, Luigi! Sie geben Geld für Alkohol aus, Geld, das Sie Ihrer Familie schicken könnten. Wollen Sie ihnen denn nicht helfen?" „Wollen schon, Madre... aber in Baracke allein, kommt tentazione, Versuchung! Bin schwach und kaufen Schnaps. Kann nix machen!"

Sie überlegt eine Weile, wie sie dem Mann helfen könnte. Dann hat sie eine Idee. „Tun Sie die Arbeit bei der Gotthardbahn gerne?" Er schüttelt den Kopf. „Nix gerne! Luigi liebt Acker, säen ... graben ... ernten." „Sie sind also Bauer, Luigi? Das freut mich. Wir brauchen nämlich einen Klosterknecht für Garten und Stall. Wie wäre es, wenn Sie bei gleicher Bezahlung zu uns kommen würden? Hier sind Sie mit den Bauarbeitern aus dem Tessin zusammen, die Ihre Sprache sprechen. Ich würde Ihnen helfen, dass Sie vom Alkohol wegkommen. Was meinen Sie dazu?"

Luigi ist hellauf begeistert. Bald arbeitet er fleißig auf dem Klosterhof, ist immerzu fröhlich und singt heimatliche Lieder. Er liebt die Madre Generale in ehrerbietiger Verehrung und bittet sie, seinen Lohn für ihn zu verwahren, damit er der Versuchung widerstehen kann, zur Flasche zu greifen. „Er hält wirklich durch", staunt Schwester Agathe. „Ich hätte das nicht für möglich gehalten!" „Unsere Frau Mutter gibt jedem Menschen in ihrer Liebe ein Daheim", meint eine Mitschwester. „Das ist das Geheimnis ihres Erfolges. Gottes Güte – so sagt sie uns immer wieder – kennt keine Grenzen. Sie schenkt sie weiter an jeden Menschen, dem sie begegnet."

Mutter Maria Theresia hält nichts davon, wegen der chronischen Überlastung durch die ungeheure Arbeit bei den Gebetszeiten abzukürzen. Sie nimmt sich täglich die volle Zeit für ihr Gebet. Manchmal unter etwas ungewöhnlichen Bedingungen nutzt sie jeden Augenblick, mit dem Herzen ganz bei Gott zu sein. So meditiert sie auch heute auf ihrer Kutschfahrt nach Schwyz. Sie hat dort dringende geschäftliche Dinge zu erledigen.

Ihr Blick geht ins Weite. Mutter Maria Theresia hat die besondere Gabe, auch in hektischen, ungemütlichen oder zerstreuenden Situationen tief in das Geheimnis Gottes einzudringen. Sie ist überzeugt: Einen ungeeigneten Ort für das Gebet gibt es nicht. Auch der ganz gewöhnliche Alltag muss immer mehr vom Geist des

Gebetes durchdrungen werden, denn nur aus der Kraft dieses Gebetes kann man Gott und den Menschen wirklich dienen.

Der Blick auf Gott macht ihre Augen offen für die Menschen um sich. Sogleich bemerkt sie das Weiblein, das mit einem Tragekorb auf dem Rücken mühsam am Straßenrand entlang humpelt. Ist das nicht das Kräuter-Fränzi, ein verrunzeltes Frauchen, das seinen Lebensunterhalt mit Kräuter- und Wurzelnsammeln für die Apotheke verdient? „Bitte, halten Sie an!" ruft die Frau Mutter dem Kutscher zu. Sie wendet sich dem armen Weiblein zu. „Wollen Sie auch nach Schwyz, Fränzi? Steigen Sie ein, dann kommen Sie rascher an Ihr Ziel!" Mit großen Augen staunt das Kräuter-Fränzi. „Die Frau Mutter aus Ingenbohl? Ich soll so nahe bei Ihnen sitzen? Das ist zuviel der Ehre." Mutter Maria Theresia lacht. „Wo ich Platz habe, ist auch Platz für Sie." Kräuter-Fränzi gibt ihren Widerstand rasch auf, steigt in die Kutsche und setzt sich ganz gerade hin, nachdem sie ihren Korb vorsichtig abgestellt hat. Tut das gut, den müden Rücken zu entlasten! Sie ist ordentlich stolz darauf, dass sie mit der ehrwürdigen Frau Mutter in der Kutsche fahren darf! Nun hat sie ihre Scheu verloren und erzählt Mutter Maria Theresia von daheim, von ihrem großen Kummer um ihre Tochter Käthi.

„Weil sie nicht gut sehen kann, will der Lehrer sie nicht in die Schule aufnehmen. So lernt sie weder Lesen noch Schreiben. Was soll aus ihr werden, wenn ich einmal nicht mehr für sie sorgen kann?" Da gibt es kein Zögern für die Schwester. „Schicken Sie mir die Kleine zwei- bis dreimal in der Woche nach Ingenbohl. Wir werden dafür Sorge tragen, dass sie Lesen und Schreiben lernt. Außerdem kenne ich in Luzern einen tüchtigen Augen-

arzt. In der Klinik von Dr. Fischer wird man Ihre Tochter untersuchen. Vielleicht kann er ihren Augen helfen."
Betroffen blickt das Kräuterweiblein die Ordensfrau an. „Von diesem Doktor Fischer habe ich schon gehört", murmelt sie, „aber er ist kein Armenarzt. Ich würde meine Käthi gerne zu ihm bringen, aber wir können uns das nicht leisten. Wäre das schön, wenn der Arzt ihr helfen könnte!" Sie verschlingt ihre knotigen Finger wie im Gebet und seufzt resigniert.
„Machen Sie sich um die Rechnung für die Behandlung keine Sorgen. Käthi wird in der Augenklinik in Luzern untersucht. Wir werden uns für sie einsetzen. Für alles andere wird Gott sorgen! Hoffen und beten wir, dass Dr. Fischer Ihrem Käthi helfen kann!"
Die Kutsche hält vor dem Rathaus von Schwyz. Mutter Maria Theresia lässt das Kräuter-Fränzi zuerst aussteigen und reicht ihr den Tragekorb nach. „Vergelt's Gott, Schwester!", ruft das Weiblein ihr noch zu und trippelt davon.

„Was hatten Sie denn für eine seltsame Mitfahrerin, Frau Mutter?" wundert sich der Herr Gemeindeammann von Schwyz. „Ich habe zufällig aus dem Fenster geschaut, als sie ankamen. War das nicht das Kräuter-Fränzi?" Sie lächelt. „Sie haben recht, Herr Ammann. Ich habe sie unterwegs zusteigen lassen. Es war für mich eine lehrreiche Fahrt." Der Beamte sieht sie verdutzt an. „Eine lehrreiche Fahrt?" wiederholt er zögernd, so als habe er sich verhört. „Ja, Fränzi lehrte mich eine neue Möglichkeit kennen, wie ich helfen kann."

An einem sonnenhellen Frühlingstag warten die Schwestern vergeblich darauf, dass die Frau Mutter zum Morgengebet und zur heiligen Messe kommt. Sie schauen sich fragend an. Es ist außergewöhnlich, dass Schwester Maria Theresia nicht als Erste bei den geistlichen Übungen ist. Die Krankenschwester nähert sich besorgt der ersten Rätin und Assistentin. „Soll ich einmal nachschauen, wie es der Frau Mutter geht? Vielleicht braucht sie Hilfe. Sie war bereits am gestrigen Abend auffallend blass." Frau Pankratia wehrt ab. „Es könnte sein, dass sie sich nach all den anstrengenden Reisen einmal verschlafen hat. Bestimmt hat sie auch wieder bis in die späte Nacht Briefe geschrieben. Ich sehe selbst einmal nach ihr."

Behutsam klopft sie an die Türe des Schlaf- und Arbeitszimmers der Generaloberin. Eine heisere Stimme fordert sie zum Eintritt auf. Mutter Maria Theresia liegt mit hochrotem Gesicht im Bett. „Mich hat es erwischt, Frau Pankratia! Jetzt habe ich die Influenza von meiner Visitationsreise aus Chur mitgebracht. Das tut mir leid...!" Ein heftiger Hustenanfall unterbricht sie, ihre geschwollenen Augen tränen.

„Mit der Krankheit ist nicht zu spaßen, Frau Mutter. Sie waren bereits gestern total erschöpft und haben doch versucht, mit den Novizinnen zu sprechen und mit den Bauarbeitern! Statt sich hinzulegen, haben Sie sogar noch nach Luigi geschaut und drei Professen zu einem Gespräch bestellt." In den vorwurfsvollen Ton der Assistentin mischt sich echte Sorge. Die Kranke widerspricht nicht. Nur das Letzte greift sie eilends auf: „Das Gespräch mit den jungen Schwestern war das Wichtigste am gestrigen Tag!" krächzt sie. „Konnte ich es dulden, dass die Sonne unterging, ehe der hässliche Streit beigelegt war? Wir müssen doch zusammenhalten. Das geht nur, wenn wir es immer wieder neu miteinander versuchen!

Es hat eine Weile gedauert, bis ich sie überzeugen konnte, dass ..." Jetzt verschlägt es ihr ganz die Stimme. Sie keucht mühsam und hustet wieder. Bei jedem Atemzug rasselt und pfeift es aus ihrer Brust. „Tut Ihnen das Husten weh?" forscht Frau Pankratia ängstlich. Sie streitet es nicht ab, sondern sie nickt ein wenig. „Dabei habe ich gar keine Zeit, um krank zu sein ..." „Aber Sie sind es, Frau Mutter!" stellt die Schwester sachlich fest. „Ich rufe den Arzt. Sie haben bestimmt hohes Fieber." Rasch verlässt sie das Zimmer, denn sie ahnt, dass Mutter Maria Theresia protestieren will. Sie hört noch. „Den Arzt? Meinetwegen rufen? Viele der Armen haben keinen Arzt ..." Frau Pankratia eilt davon und schickt die Krankenschwester. „Versorgen Sie unsere Frau Mutter. Geben Sie ihr ein kühles Getränk, aber keinerlei Arznei. Ich hole jetzt den Arzt!" Der Doktor aus Brunnen, ein würdiger älterer Herr, untersucht die Kranke lange und gründlich. „Ich kann die Diagnose Ihrer Assistentin nur bestätigen – oder war es Ihre eigne, Frau Mutter? Ich konstatiere Ihnen eine ausgewachsene Influenza. Bei Ihrem Erschöpfungszustand könnte eine Lungenentzündung daraus werden. Also – strikte Bettruhe! Keinerlei Arbeit, keine langen Unterredungen! Schlucken Sie brav die Medizin, die ich Ihnen bringen lasse. Die Krankenschwester wird Ihnen Brustwickel machen. Schlafen Sie möglichst viel. Schlaf ist die beste Medizin!" Leise wagt sie einen letzten Einwand: „Aber ... ich habe keine Zeit, um krank zu sein. Es gibt so viel zu tun ...!" Der Arzt runzelt die Stirn. „Vergessen Sie das und trauen Sie Ihren Mitarbeiterinnen auch etwas zu. Das Institut der Ingenbohler Schwestern wird nicht gleich zusammenbrechen, wenn Sie einmal ausfallen. Zudem – Gott weiß, was er tut. Sie brauchen ganz einfach diese Pause, die er Ihnen verordnet, Frau Mutter!" Der Arzt erhebt sich. „Die Pause, die Er mir verordnet", flüstert sie.

In den nächsten Wochen erlebt der Arzt eine geduldige und fügsame Patientin, die seine Vorschriften gewissenhaft befolgt. Langsam kommt sie wieder zu Kräften. Es wird Sommer, bis er ihr den ersten Gartenspaziergang gestattet. Dankbaren Herzens sieht sie nach den langen Wochen im Krankenzimmer auf den leuchtenden See und die bunte Blumenpracht im Garten. Es ist ihr, als sei ihr das Leben neu geschenkt.

15

IMMERDAR ENTHÜLLT DAS ENDE SICH ALS STRAHLENDER BEGINN

Fauchend und ratternd quält sich der Eisenbahnzug durch die sommerliche Poebene. Die Bauern auf ihren schier endlosen Feldern heben nur kurz den Blick, wenn die Lokomotive, das qualmende Ungeheuer, an ihnen vorbeidonnert. Sie wenden sich gleich wieder ihrer Arbeit zu. Kein Gedanke wird an die Menschen verschwendet, die in den Waggons hinter verrußten Fenstern sitzen. Wahrscheinlich würden sie selbst sich gar nicht in diesen Zug setzen, der lärmend an ihnen vorbeischießt. Sie sind zufrieden mit dem gemütlichen Trott des Ochsen vor ihrem Karren.

Nach Rom soll die Eisenbahn fahren, das haben sie irgendwann gehört. Rom ist für sie eine unwirkliche Märchenstadt, die sie sich nicht vorstellen können. Die Bauernfamilien wohnen in niedrigen, ockergelben Häuschen und mühen sich unter glühender Sonne um das tägliche Brot. Bis nach Milano kommt kaum einer in seinem Leben, aber von dem Dom dort erzählt man sich Wunderdinge. Er soll ganz aus weißem Marmor gestaltet sein.

Der Zug rattert und schwankt weiter nach Süden. Die Fahrt scheint sich endlos auszudehnen. Das Flussbett des Po ist fast ganz ausgetrocknet. Nur ein dünnes Rinnsal fließt zwischen Steinen und Kieseln dahin. Selten zeigt sich den Reisenden eine Siedlung mit einem Kirchlein und ein paar knorrigen Bäumen. Eintöniges

Wegkreuz Kloster Ingenbohl

P. Theodosius Florentini OFMCap (1808 - 1865)
Gründer des Instituts der Barmherzigen Schwestern
vom heiligen Kreuz in Ingenbohl

Mutter Maria Theresia Scherer (1825 - 1888)
1. Generaloberin der Barmherzigen Schwestern
vom heiligen Kreuz in Ingenbohl
seliggesprochen am 29. Oktober 1995

Grabstätte der Seligen

Braun und Gelb löst sich in der Landschaft ab. Bei der immer ähnlichen Aussicht ermüden die Augen schnell. Auch Mutter Maria Theresia wendet sich vom Fenster des Abteils ab und streicht über ihre Lider. Sie sind schwer geworden. Der Anblick der sonnendurchglühten Landschaft hat für sie nichts Erholsames. Sie vermisst die Berge und die Wälder, den See und die grünen Matten der Schweizer Heimat. Italien ist ihr fremd, aber sie freut sich dennoch, dass sie endlich den Spuren des Paters Theodosius folgen darf. Sie fährt zum Papst nach Rom. Ihr wurde eine Privataudienz bei Leo XIII. zugesichert. Dafür nimmt sie gerne die Strapazen der Fahrt, das überfüllte Abteil und das Gefühl des Fremdseins auf sich.

Dicht an dicht sitzen Männer und Frauen in der dritten Klasse auf den Bänken. Sie plaudern und diskutieren laut miteinander und unterstreichen ihre Worte mit lebhaften Gesten. Die Gepäcknetze sind ebenfalls überfüllt. Auch im Gang stapeln sich Gepäckstücke. In einem Käfig gackern Hühner. Die dumpfe Luft riecht nach Käse, Wein und Schweiß.

In sanften, aber zugleich unangenehmen Wellen überfällt Mutter Maria Theresia die Müdigkeit. Ihr Rücken schmerzt von der starren Haltung. Wie gerne würde sie ein wenig schlafen, aber sie muss sich wach halten und auf ihre Reisetasche Acht geben! Ihr Reisegeld hat die Ordensfrau in den tiefen Taschen ihres Kleides vergraben. Nun denkt sie an Milano zurück. Dort hat sie sich vom ehemaligen Klosterknecht Luigi verabschiedet, den sie nach Italien mitgenommen hat. Von der Alkoholsucht geheilt, ist er mit seinem Köfferchen und seinen Ersparnissen ausgestiegen. Mit Tränen in den Augen rief er seiner Wohltäterin noch vom Bahnsteig aus zu: „Dio Vi benedica! – Gott segne Sie!"

Ob er schon bei seiner Familie angekommen ist, der gute Luigi? Ihm konnte sie helfen, aber bei vielen bleibt alles Mühen vergeblich. Sie lässt ihre Gedanken umherschweifen zu den Häusern in der Schweiz und in Böhmen, in Deutschland, Österreich und Slavonien. Überall mühen sich Kreuzschwestern aus Ingenbohl um Kranke, Waisenkinder und gebrechliche Alte, um Arme und Verwahrloste. Unzählige Menschenschicksale, ein wahres Meer von Elend, Leid, Not und Schuld hat sie im Laufe ihres langen Ordenslebens umspült. Manches Mal schien ihr das hingebungsvollste Mühen zu gering, um gegen die Flut anzukämpfen. Nicht selten waren es politische Manöver und auch Druck von Seiten kirchlicher Autoritäten, die das Arbeiten erschwerten oder sogar verhinderten.

Die Wogen des Kulturkampfes in der Schweiz und in Deutschland haben sich ein wenig geglättet, seit Papst Leo XIII. das Schifflein Petri steuert. Mit großer Spannung sieht sie der Begegnung mit dem Papst entgegen. Man sagt von ihm, dass er sich für die Rechte der arbeitenden Bevölkerung einsetzen will, dass er sozial eingestellt ist und der Kirche die Aufgabe der Sozialreform zuweisen will.

So abwegig, wie es seinen Zeitgenossen damals erschienen ist, waren also die Ideen des Paters Theodosius nicht, als er versucht hatte, den Arbeitern in christlich geführten Fabriken gerecht zu werden. Inzwischen hat Mutter Maria Theresia auch von dem Mainzer Arbeiterbischof von Ketteler gehört. Sie dankt dem Herrn, dass er ihr die Kraft geschenkt hat, das Erbe des Paters Theodosius anzutreten und ihn durch die Übernahme und Tilgung seiner Schulden vor jeder Verunglimpfung bewahrt zu haben...

In ihrer Reisetasche ruht, säuberlich verpackt, eine Liste aller Häuser der Barmherzigen Schwestern vom Heiligen Kreuz des Mutterhauses Ingenbohl, ein Verzeichnis der dort tätigen Schwestern und der Anzahl der betreuten Personen. Ein besonders geschmückter Umschlag enthält eine Ergebenheitsadresse jedes Hauses an den Papst mit der Unterschrift der Schwestern...

„Madre, Madre, per favore", sagt eine Stimme neben ihr. Sie öffnet die Augen und schaut zur Seite. Eine stattliche Matrone lächelt sie an und reicht ihr einen Becher mit Wein. Es ist Rotwein mit Wasser gemischt, das übliche Getränk der ärmeren Landbevölkerung. Wenn sie den Becher ablehnt, wäre das eine Kränkung für die Frau. So nimmt sie ihn an, obwohl der Becher nicht besonders sauber zu sein scheint. „Tante grazie", sagt sie und nippt vorsichtig daran. Die Frau strahlt, als habe sie ihr ein Geschenk gemacht. Lebhaft redet sie auf die Ordensfrau ein, die kaum ein Wort versteht.

Mit einer Geste der Hilflosigkeit deutet Mutter Maria Theresia schließlich an, dass sie eigentlich kein Italienisch spricht. Sie hat nur einige Brocken von Luigi gelernt. Sie gibt den leeren Becher zurück und greift nach ihrem Rosenkranz. „Ecco – il Rosario! Bene, bene", lobt die Frau und verstummt zufrieden.

Mutter Maria Theresia gibt all ihre Anliegen in das Gebet und vertraut sie der Gottesmutter an. Das Rütteln des Zuges und die abgestandene Luft im Abteil entführen sie ab und zu in einen halbwachen Zustand, aus dem sie jeweils mit einem Ruck hochschreckt, wenn der Zug eine Weiche überfährt. Sie träumt, am Ufer des Vierwaldstättersees zu stehen und in das Leuchten und Gleißen des Wassers zu schauen. Dann wieder kniet sie in diesen kurzen Traumbildern in der neuen Kirche des Mutterhauses Ingenbohl. Statt des Rädergeratters hört sie den Schwesternchor ‚Großer Gott, wir loben dich...' und sieht die lange Zweierreihe der neu eingekleideten Novizinnen feierlich aus dem Gotteshaus schreiten, Freude und Jubel in den jungen Gesichtern... Wieder einmal schreckt sie hoch. Sie sitzt noch immer auf der harten Holzbank des Zuges auf der Fahrt in die Ewige Stadt...

Am späten Nachmittag erreicht der Zug die armseligen Hütten der Vororte. Mutter Maria Theresia erhebt sich mühsam und dehnt verstohlen die schmerzenden Glieder. Könnte sie jetzt ihre Hände und Arme in kaltes Wasser tauchen und das verschwitzte Gesicht waschen! Sie nimmt ihre schwere Reisetasche aus dem Gepäcknetz und entdeckt dabei, dass diese seit Arezzo einen Käfig mit zwei mageren Hühnern in enger Nachbarschaft hatte. Die armen Tiere flattern ängstlich. Ob sie heute noch in einen römischen Kochtopf wandern werden?
Da bremst der Zug zischend und kreischend im römischen Bahnhof. Die Menschen drängen ungeduldig nach draußen, immer noch fröhlich plappernd und gestikulierend. Einen Moment noch schließt die Ordensfrau die Augen. Ist ihr Herz schon in Rom angekommen? Nüchterne Gedanken holen sie zurück in die Gegenwart. Das schwere Kleid klebt vor Hitze auf der Haut, Kragen und Stirnband sind feucht. Ein Weilchen wartet sie und steigt dann bewusst und langsam aus. Die Luft in der Bahnhofshalle kommt ihr kühl und sauber vor.
Vor dem Bahnhof warten einige Droschken mit klapprigen Gäulen. Sie geht auf eines der Gefährte zu und streckt dem schnauzbärtigen Kutscher den Zettel mit der Anschrift des kleinen Schwesternhauses der Kreuz-

schwestern entgegen. Der Mann ist sichtlich erfreut, denn es ist eine längere Fahrt. Er tippt vergnügt an seine Mütze, hilft ihr beim Einsteigen und befördert mit einem Schwung die Reisetasche neben sie auf die Bank.

Gemächlich trabt das Pferd an. Mutter Maria Theresia lehnt sich in die etwas schäbigen Polster. Sie atmet auf. Bald wird sie bei ihren Schwestern sein!

Aufmerksam liest Papst Leo XIII. die Liste der Häuser und das Verzeichnis der Tätigkeiten. Dann wendet er sein schmales, geistvolles Antlitz seiner Besucherin zu. „Sie können viel Gutes tun in Ihren Niederlassungen. Wir freuen Uns, dass die Barmherzigen Schwestern vom Heiligen Kreuz trotz der Behinderungen in einigen Ländern unbeirrt ihren Weg gegangen sind! Wir danken Ihnen auch dafür, dass Sie sich vornehmlich der Armen und der arbeitenden Bevölkerung angenommen haben.

Der Bischof von Chur hat Uns bei seinem Ad-limina-Besuch von Pater Theodosius Florentini erzählt und von seinen großartigen sozialen Ideen und Bemühungen. Wenn ihm damit auch kein direkter Erfolg beschieden war und Ihre Gemeinschaft lange an den hinterlassenen Schulden zu tragen hatte, mag es Ihnen, Frau Mutter, ein echter Trost sein, dass seine Ideen, verbunden mit denen des Bischofs Wilhelm Emmanuel Ketteler von Mainz, in der Kirche weiterleben. Wir wissen, dass es die unbedingte Pflicht der Kirche Gottes ist, für die Rechte der Armen und Arbeiter einzutreten....!"

Nach der Privataudienz geht Mutter Maria Theresia dankerfüllten Herzens in den Petersdom und kniet lange an der Confessio. Sie dankt dem Herrn für alle Fügungen und Führungen ihres Lebens. Sie ist beglückt darüber, dass aus dem scheinbar gescheiterten Versuch des Paters Theodosius mit den drei Fabriken nun ein Erfolg erwachsen ist, der jede Sorge und Mühe für diese Projekte rechtfertigt.

In Ingenbohl gibt die heimgekehrte Generaloberin den Schwestern einen ausführlichen Bericht über ihre Begegnung mit dem Heiligen Vater. Sie zitiert seine anerkennenden Worte über Pater Theodosius und fügt hinzu: „So lässt der Herr auch aus einer Niederlage reichen Segen erwachsen. Mit unserer Arbeit für die Armen sind wir auf dem rechten Wege, und zwar ganz im Sinne des Heiligen Vaters. Unsere Niederlassung in Rom wird vor allem für die Jugendlichen, Kinder und Pilger da sein. Und nun, liebe Schwestern, wollen wir mit neuem Eifer und mit dem Segen des heiligen Kreuzes vorangehen!"

Im Archiv des Mutterhauses häufen sich Schriftstücke und Akten. „Wir brauchten dringend einen neuen Schrank, Frau Mutter, um Ordnung halten zu können. Darf der Schreiner uns einen anfertigen?" Mutter Maria Theresia überlegt eine Weile. Dann sagt sie: „Das kann er gerne tun, aber ich entsinne mich, dass wir noch einen größeren Schrank auf dem Estrich stehen haben. Nehmen Sie zuerst den, Schwester. Vielleicht reicht er für Ihre Akten. Ich habe darin bis jetzt eine Schachtel aufbewahrt mit Schriftsachen älteren Datums. Ich nehme sie sofort heraus und sehe die Sachen durch. Wahrscheinlich kann ich das meiste vernichten."
Später sitzt die Mutter über den Karton gebeugt und sieht sorgfältig Brief um Brief durch, ehe sie ihn zerreißt oder

zum weiteren Aufbewahren beiseite legt. Alte Notizen wecken vielfältige Erinnerungen an Geschehnisse und Begegnungen. Mehrmals stößt sie auf die markante Handschrift von Pater Theodosius. Auf einmal hält sie einen mit einer Krone verzierten großen Briefumschlag aus feinstem Papier in der Hand. Sie kraust die Stirn. Wer hat ihr diesen Brief geschickt? Sie fühlt so etwas wie eine Münze oder ein kleines Kreuz. Sie tastet danach und zieht einen deutschen Verdienstorden aus dem Kuvert. Vor Überraschung bleibt ihr der Mund offen! Sie entfaltet das beigefügte Schreiben und liest:

„Ehrwürdige Oberin,

die Schwestern Ihres Ordens sind den Kriegern auf den Schlachtfeldern wie an den Krankenlagern in Not und Tod helfend und tröstend, pflegend und aufrichtend mit wahrhaft christlicher Liebe und opfervollster Hingebung zur Seite gestanden.
Solche Taten finden Lohn nur im eigenen Herzen, und vor diesem Gotteslohn treten alle auch noch so wohlverdienten äußeren Ehren für das zurück, was die einzelnen Schwestern geleistet haben. Es steht mir nur anerkennender Dank zu Gebote, und den sage ich Ihnen, ehrwürdige Oberin, und Ihrer Genossenschaft und ebenso den in gleicher Weise tätig gewesenen Niederlassungen des Mutterhauses aus vollem Herzen.
Ich beauftrage Sie, jeder Schwester in meinem Namen solchen Dank auszusprechen. Als ein äußeres Gedenkzeichen segensreichen Wirkens übergebe ich Ihnen zugleich, nach Anordnung Seiner Majestät, des Kaisers und Königs, das Verdienstkreuz mit

der Bestimmung, dasselbe bei Ihrer Genossenschaft bewahren zu wollen zur dauernden Erinnerung an das Wirken Ihrer Schwestern in schwerer Zeit.

Berlin, den 31. Dezember 1871.

Augusta

Kaiserin Augusta hatte diesen Brief aus ehrlicher Überzeugung geschrieben, und Kaiser Wilhelm I. auf ihre Anregung hin das Verdienstkreuz verliehen. Kurze Zeit später war durch die Bestimmungen des Kultusministers Falk aus dem Verdienstkreuz für die Schwestern in deutschen Landen das Kreuz der Ausweisung geworden…
Das Kreuz blieb den Schwestern treu. Gedankenverloren betrachtet Mutter Maria Theresia den Orden. Sie weiß, dass Kaiserin Augusta die Maßnahmen Bismarcks gegen die katholische Kirche und ihre Ordensgemeinschaften nie gutgeheißen hat. Im Gegenteil, sie war führend in der Oppositionsbewegung am Kaiserhof gewesen und darf nun erleben, wie der Eiserne Kanzler vor der Glaubenstreue der deutschen Katholiken kapituliert.
„Im Gedenken an diese tapfere christliche Kaiserin wollen wir ihr Schreiben und den Orden in Ehren halten!" sagt die Generaloberin, als sie der Ökonomin den Orden und den Brief der Kaiserin zur Aufbewahrung übergibt. „Unsere Schwestern können bald in die süddeutschen Niederlassungen zurückkehren. Wir werden dann auch dort eine eigene Provinz errichten."

Nach kurzem Aufenthalt in Ingenbohl nimmt Mutter Maria Theresia ihre weiten und strapaziösen Reisen in die vielen Häuser in der Schweiz und den angrenzenden Ländern wieder auf. Zu Österreich kommt nun auch Ungarn. Die Wirkungsorte der Barmherzigen Schwestern vom heiligen Kreuz mehren sich Jahr für Jahr. „Jede Schwester hat ein Recht auf mein Kommen!" wehrt die Generaloberin ab, als ihre Assistentin sie mahnt, sich mehr zu schonen und an ihre Gesundheit zu denken. „An mich denkt der Herr. Wer könnte besser für mich sorgen als er?"

Sie bringt die Schwestern persönlich in die badischen Häuser zurück, steht ihnen in den Schwierigkeiten des Neuanfangs bei, die an manchen Orten zwar ein Wiederanfang, darum aber um nichts leichter ist. Manches ist in den Jahren der Verbannung verrottet oder gar zugrunde gegangen. So bedarf es des vollen Einsatzes jeder Schwester. Die Frau Mutter scheut sich nicht, selbst mit Hand anzulegen, wenn es gilt, verwahrloste Räume zu säubern oder Tische und Stühle zu transportieren.

Nach des Tages Arbeit widmet sie sich den Schwestern, hört sich geduldig ihre Sorgen und Nöte an, trifft klare Entscheidungen, ermutigt und tröstet. Wenn die anderen Schwestern dann zur Ruhe gegangen sind, erledigt sie noch die notwendige Korrespondenz. Beglückt vernimmt sie, dass eine Regierungsvorlage gegen die katholischen Schulen in der Schweiz mit überwältigender Mehrheit vom Volk und von den Ständen verworfen worden ist. Der Spitaldirektor von Stans schreibt ihr vier Tage nach dem Wahlsieg: „...es ist ein gültiger Beweis, dass das Schweizervolk in seiner Gesamtheit noch an Gott und Christus glaubt. Es ist ein Sieg des Kreuzes ... und eine großartige, allgemeine Gebetserhörung, wie wir sie nie erlebt...!"

Wenn Mutter Maria Theresia in eines ihrer Häuser kommt, so gilt der Besuch nicht nur den Schwestern. Sie widmet sich den Kranken, den Alten, den Körperbehinderten und den Waisen. Wer sie sprechen will, kann zu ihr kommen. Sie ersinnt in jedem Haus besondere kleine Freuden für die Menschen, die den Schwestern anvertraut sind. Besonders die Kinder antworten mit herzlichem Zutrauen auf die Güte der Mutter.

Im Waisenhaus Paradies erlebt sie ihren Namenstag. Die Schwestern haben ein Programm ausgearbeitet und mit den Kindern einstudiert. Bereitwillig setzt sich Mutter Maria Theresia in die erste Reihe vor der improvisierten Bühne. Sie erfreut sich an den Versen und Gesängen und an den lebenden Bildern. Kleine Pannen und Schönheitsfehler stören sie gar nicht. Die Kinder geben ihr Bestes.

Der herzliche Beifall und die frohe Miene der Frau Mutter ermutigen auch die Schüchternen: Ernst und würdig kniet die kleine heilige Therese bei einem der lebenden Bilder auf ihrem Betschemel, von einem schwarzen Gewand und einem wallenden Schleier umhüllt. Dann erscheint ein kleiner Junge als Jesuskind auf der Bühne. Es kommt feierlich und lächelnd auf die Heilige zugeschritten… Plötzlich brennt hell und grell das bengalische Feuer der Schlussbeleuchtung auf! In den Proben hatte man das natürlich ausgespart! Das vermeintliche Jesuskind steht zuerst starr vor Schrecken da, springt dann laut weinend in den Saal und birgt sein Gesicht in dem Schoß der Frau Mutter.

Die Gäste und die Schwestern lachen über das seltsame Finale, aber die Mutter lächelt nur sanft und streichelt das Köpfchen des Kindes. „Du hast mir eine besondere Freude gemacht, weil du zu mir gekommen bist."

Den Menschen, die ihr begegnen, will es durch lange Jahre so scheinen, als könne die Zeit, das Leid, die Überfülle an Arbeit und all die Sorgen der General-oberin nichts anhaben. Sie reist noch einmal nach Rom und wird zum zweiten Mal von Papst Leo XIII. in Audienz empfangen.

Nach wie vor gehört ihre Liebe jeder Niederlassung. Wenn sie jemals einen Menschen vorzieht, so sind es die Ärmsten der Armen, die Taubstummen, die Behinderten und die unheilbar Kranken. Ihnen widmet sie ihre besondere Fürsorge und wird nicht müde, ihre Schwestern zu Liebe, Geduld und Ehrfurcht vor diesen Menschen aufzufordern. Seit ihrem Einsatz als ‚Jungfer Scherer' im Armenhaus zu Näfels weiß sie, dass nur hingebende Liebe zu diesen armen Menschen durch-zudringen vermag.

Je mehr ihr selbst körperliche Leiden zu schaffen machen, um so mehr ist sie besorgt, andern ihre Schmerzen zu erleichtern. Trotz heftiger Beschwerden unternimmt sie ihre Reisen zu den Schwestern in den entlegensten Gebieten und bringt dann noch die Geduld auf, einer jeden ruhig zuzuhören, auch wenn es oft Kleinigkeiten sein mögen, die die Schwestern für große Hindernisse halten. Sie achtet die Menschen in ihrer persönlichen Eigenart und verlangt nicht von jeder Schwester die gleiche Belastbarkeit. Häufig gibt sie nicht sofort eine Antwort. Dann sagt sie: „Bitte kommen Sie morgen noch einmal zu mir. Ich muss Ihr Anliegen zuerst mit Gott be-sprechen."

Sie merkt selbst, dass ihre Kräfte nachlassen. Manches kann sie nur noch mit der Anstrengung und der Mühe bewältigen, die sie in früheren Jahren zur Überwindung eines großen Ereignisses gebraucht hat, und dabei handelt es sich um alltägliche Pflichten. Ihre Beschwerden nehmen zu. Der Arzt teilt ihr schließlich mit, dass keine Hoffnung auf eine natürliche Heilung ihrer Krankheit bestehe.

Mutter Maria Theresia hat Leberkrebs. „Wahrscheinlich werden Ihre Schwestern nun um ein Wunder beten, nicht wahr?" Ihr Antlitz ist bei der harten Diagnose blass geworden, doch sie schüttelt ruhig den Kopf. „Nein, nein, Herr Doktor! Das sollen sie gar nicht tun. Meine Schwestern und ich, wir werden miteinander beten, dass Gottes heiliger Wille geschehen möge – und dass ich die Kraft finde, mein volles Ja dazu zu sagen. Würden Sie mir die Medizin verschreiben, die mir die Zeit gibt, all meine Sachen zu ordnen und noch etwas zu arbeiten?" Sie lächelt ihn ermunternd an. „Ich verspreche Ihnen, dass ich eine ganz gehorsame Patientin sein werde."

Auf Drängen ihrer Ratsschwestern schließt sie sich einer Pilgerfahrt nach Lourdes an. Sie betet innig vor der Grotte in Massabielle. Sie wird zwar nicht von ihrem Krebsleiden geheilt, aber sie fühlt sich innerlich gestärkt. Ihre Liebe zum heiligen Kreuz und zur Schmerzensmutter wächst. Ihr Fiat kommt aus ganzem Herzen.

Nach einer Kur in Karlsbad setzt sie ihre Visitationsreisen durch die Häuser in Böhmen und Ungarn fort. Ihr Antlitz zeigt nun richtige Schmerzenslinien. Sie ist sehr blass. Aber nur eine aufmerksame Beobachterin kann erahnen, wie es wirklich um sie steht. „Ich werde auf meine alten Tage faul", scherzt sie, wenn sie sich in der Kirche hinsetzen muss statt zu knien. Für größere Wege, die sie früher alle zu Fuß bewältigt hat, benutzt sie nun eine Kutsche. Ihre Beine sind stark angeschwollen.

In den Häusern dürfen die Schwestern, die Hausbewohner und die Angestellten mit ihr sprechen und verlassen sie danach beschenkt und beglückt. „Sie ist wirklich eine Mutter", ruft eine ungarische Novizin aus, die sich zuvor gefürchtet hatte. „Man spürt, dass sie unserem Herrn sehr nahe ist."

Ja, Mutter Maria Theresia ist dem Herrn näher denn je... Von einer ihrer vielen Reisen kehrt sie im Juli 1887 völlig erschöpft nach Ingenbohl zurück. An einem Bein hat sie eine tiefe Wunde, die täglich verbunden werden muss. Die Schwestern befürchten schon das Schlimmste. Kaum hat sie sich etwas erholt und ist – wie sie selbst sagt – innerlich zu Atem gekommen, geht sie wieder auf Reisen. Am 6. Dezember bringt die Kranke es fertig, tief verschleiert, für die Pensionärinnen mit Stock und Sack den Samichlaus zu spielen. Sie bringt ihnen Nüsse und Süßigkeiten und freut sich am Jubel der Kinder.

Sie wagt viel mehr als Reisen nach Deutschland und in die Niederlassungen in der Schweiz. Ihr glaubensstarker Sinn zieht sie im Januar 1888 noch ein Mal in die Ewige Stadt. Sie wohnt der Heiligsprechung der Jesuiten Petrus Claver, Alfons Rodriguez, Johannes Berchmanns und der sieben Diener Mariens bei. Tapfer harrt sie während der langen Zeremonien von 9 bis 15 Uhr im Petersdom aus. Am 2. Februar trifft sie wieder in Ingenbohl ein. Im Talkessel von Schwyz und Ingenbohl-Brunnen liegt wochenlang hoher Schnee...

Nach Wochen äußerster Erschöpfung geht es der Frau Mutter wieder etwas besser. Im März fährt sie nach Schwyz. Bei der Rückkehr von dort ist sie aber so krank, dass sie sich sofort hinlegen muss. Eine lange Leidenszeit beginnt.

Einmal lässt sie sich noch auf das Baugelände des neuen Pensionates tragen. Solange es ihr möglich ist, leitet sie vom Krankenlager aus die Kongregation. Sie fragt ihren Arzt Dr. Pestalozzi-Pfyffer, ob eine Aussicht auf Besserung bestehe. „Nach menschlichem Ermessen werden Sie sich nicht mehr erholen." Sie schweigt. Ihr Antlitz ist ernst. Dann sagt sie: „Lassen Sie den Schwestern das Fünklein Hoffnung, solange wie Sie es verantworten können, Herr Doktor!"

Diese hoffen noch eine ganze Weile darauf, dass die gute Frau Mutter wieder genesen wird. Sie beten viel für sie. Die Gemeinschaften in der Schweiz und im Ausland wurden in eine Gebetskette eingereiht. Frau Pankratia schickt oft Berichte über die Kranke zu ihnen. Mit der Zeit klingen sie immer ernster, wenn sie auch von der treuen Anteilnahme der Hausgenossen und Angestellten, der Leute aus Brunnen und Ingenbohl rührende Beispiele erzählen können. „Unsere Frau Mutter wird von den Hochstehenden geachtet und verehrt und von den einfachen Menschen geliebt. Sie verkündete ihnen auch ohne Worte, dass Gott gütig und barmherzig ist. Möge er die Frau Mutter bald in seine Güte und Barmherzigkeit und in seine Glorie heimholen."

Wochen schweren Leidens und schier endlose Wege unter dem Kreuz fast unerträglicher Schmerzen muss Mutter Maria Theresia durchstehen, ehe sie am Abend des 16. Juni 1888 heimgehen darf. Sie flüstert: „Himmel! Himmel!" Dann wird ihr Antlitz friedlich und entspannt. Unwillkürlich regt sich in allen, die sie sehen, die gleiche Überzeugung: „Sie ist zuhause, daheim in der grenzenlosen Güte Gottes."

In 422 Niederlassungen trauern 1689 Schwestern um Mutter Maria Theresia Scherer und hoffen fortan noch mehr auf ihre mächtige Hilfe. Nach ihrer festen Überzeugung ist sie bei Gott. Diese Meinung teilen viele Menschen mit ihnen. Sie bitten die Mutter um Fürsprache bei Gott und erfahren, wie ihre Gebete wunderbar Erhörung finden.
So ist ein Ende zum Beginn geworden, zu einem vertrauensvollen Aufschauen zu ihr, deren Fürbitte die grenzenlose Güte Gottes auf die Betenden herabruft.

Am 29. Oktober 1995 bestätigt die römische Kirche, was die Menschen, die Mutter Maria Theresia in all den Jahren irgendwie begegnet sind, beglückt erfahren haben: Sie darf zu den Seligen gezählt werden und auch auf diese Weise von der Barmherzigkeit Gottes Zeugnis geben.

Kloster Ingenbohl 1970

EIN OFFENER BRIEF AN EINE SELIGE

Liebe Mutter Maria Theresia,

du weißt, dass ich versucht habe, ein Lebensbild von dir zu zeichnen. Es war nicht einfach, denn ich musste aus der Fülle deines Lebens auswählen und konnte nur episodenhaft aus dem Reichtum des Geschehens erzählen. Ich habe es gerne getan. Du wurdest mir beim Schreiben immer lieber. Ich kam dir näher, und ich hätte viel mehr von dir schreiben können, aber ich musste mich auf Wesentliches beschränken.
Auf eine Art nehme ich Abschied von dir, aber zugleich bleibe ich dir zutiefst verbunden. Es mag sein, dass mein Versuch, dir nachzugehen, allzu stümperhaft ist, doch du hattest immer ein Herz für die Kleinen, wenn sie nur guten Willens waren.

Und so habe ich den Wunsch, dass du mein kleines Buch akzeptieren möchtest und mir von Gott die Gnade erbittest, weiter von seiner grenzenlosen Güte zu berichten.

Deine Schwester Maria Calasanz Ziesche

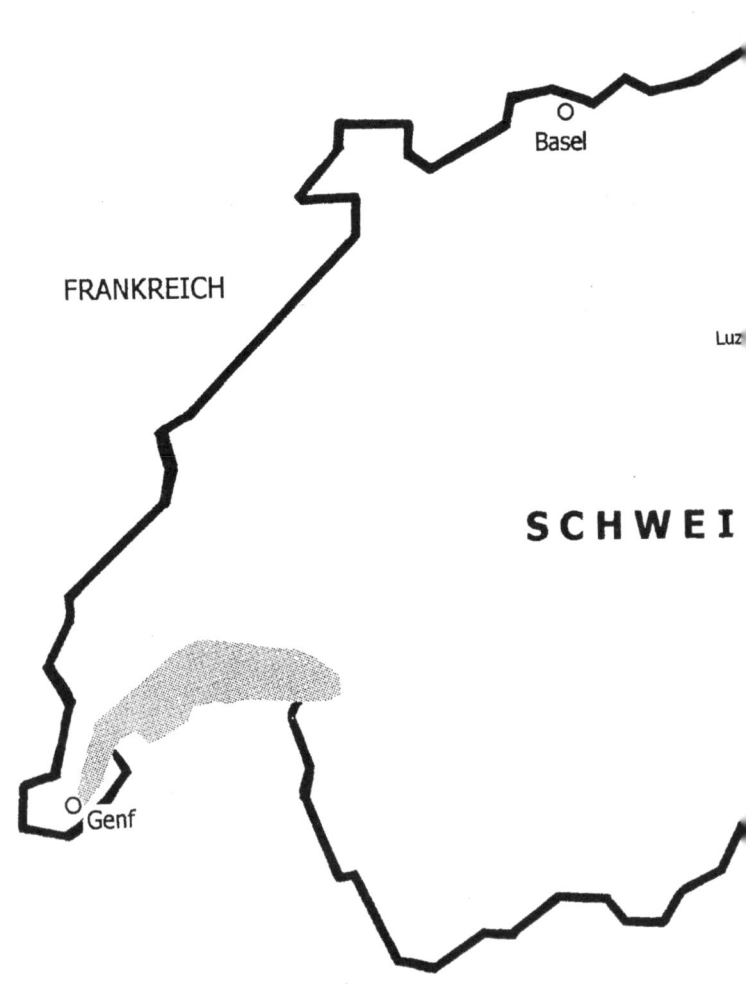